沒有完全好起來也沒關係

元気じゃないけど、悪くない

青山友美子——著
高秋雅——譯

失去貓、沒有健康、焦慮症找上我，
如何活出還不錯的人生？

高寶書版集團

前言

只要時間一長，大部分的事情都會好轉。

因此，我理所當然地以為隨著年紀增長，「人生」也會相應地有所好轉。更何況，在這將近五十年的時間裡，我犯了太多的錯，應該也要從中學到關於人生的許多事情。然而，又有誰知道，人生簡直超乎想像。

二〇二〇年十二月，我嚴重地搞壞了我的「心理狀態」，雖然說的是「心理」，但表現出來的也有可能是「身體的不適」，我的身心靈都「啪啦」一聲斷裂了。

我不知道該如何處置那樣的自己，只能不知如何是好地度日，我用自己的方式掙扎著，時而順利，時而不順。即便如此，每天早晨太陽仍會升起、夜幕低垂時黑暗仍會籠罩世界，不論我是否願意，日子仍會繼續下去，人生不會停下腳步。

這些主要是直到二〇二三年二月為止，那三年的紀錄。

這段日子裡有時下起了傾盆大雨，有時烏雲密佈山雨欲來；也有時是晴空萬里，一片清明。

試著放棄做沒結果的事吧，試著做那些看起來還行的事吧。

那些「此時此刻的瞬間」連續起來，無疑地構成了僅屬於我的人生。

目　錄
Contents

第三章
某天精神崩潰了

目錄
Contents

第四章
微小的第一步

第五章
創造出屬於自己的地方

第六章

為了與他人交流而設的小房間

目　錄
Contents

目錄
Contents

第八章 我也不清楚自己的事

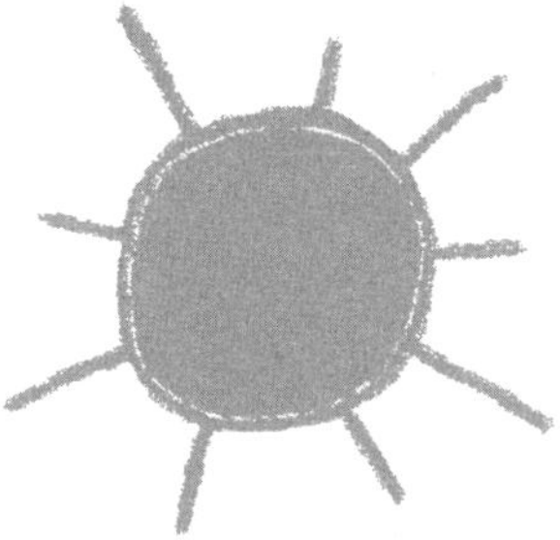

第一章

造就了「我」的那些事物

這已經是十五年前的事了。

在一個寒氣刺痛雙頰的冬日，我穿著厚外套前往附近的超市，走下斜坡的時候，我發現在林立著米店和肉舖的商店街旁的獸醫院停業了。

這家毫無現代痕跡、如同昭和時期診所一般的木造獨棟獸醫院，屋簷下總是貼著貓咪招募領養人的告示，但現在印有貓咪照片的告示已經被撕光，消失得無影無蹤，取而代之的是一張薄紙，紙張任憑冷風吹，上頭無情地寫著此處即將被廢棄。

我突然停下了腳步。那些等待領養的貓咪們都去了哪裡呢？

南北狹長的神戶平原地瘦長，山與海的距離很近，只要稍微爬一點坡道，就能俯瞰密佈高樓公寓和住家的市中心。

我住的公寓後面就是山，建築物正對著沿著山腳延伸的公車道。

這樣描寫可能會讓人聯想到神戶的上流社會景象，但實際並非如此。以超市為首，魚店和洗衣店等個人商店，至今仍沿著通往車站的斜坡分布，只要走進岔路，小巷便會如迷宮般延伸，瀰漫著下町氛圍。

戰中戰後時期住在這區的西東三鬼[1]寫了私小說[2]：《神戶》和《續神戶》。作為舞台的三鬼館似乎離我家很近。正如作品中描寫得那樣，混雜的港都山城中住了各式各樣宗教信仰和不同膚色的人們。

老舊的獸醫院則靜靜地佇立於一角。

第一次養貓

我恍惚地站在廢棄醫院前，背後傳來了男人的聲音。

1　俳句作家，原是一位牙醫，後成為他成為角川書店俳句雜誌的主編，創作大量俳句。

2　二十世紀日本文學的一種特有體裁，有別於純正的本格小說。私小說的特點為取材於作者自身經驗，採取自我暴露的敘述法，自暴支配者的卑賤的心理景象，是一種寫實主義的風格，成為日本近代文學的主流。

「怎麼了嗎？」

我回過頭來，發現是同條坡道上熟識的大阪燒店老闆。

「沒什麼……只是這裡貼著貓咪的告示，我在想大家都去哪了……」

「什麼？你想養貓嗎？跟我來。」

明明我沒有回話，老闆卻轉過身背對著我、快步走進了獸醫院隔壁的米店。

店裡頭，米店的女店主（我想她應該早已超過六十歲）正在分類天然食品之類的食材。

「這孩子說她想養貓。」

（我明明什麼都沒說……）

正在低頭作業的女店主聽到老闆的話，便停下手邊的動作，抬頭瞥了我一眼。

「這樣啊，來，跟我來這邊。」

「那個，我沒有……」

她也沒有確認我是否跟上便邁出步伐，突然拐進坡道旁的小巷，我慌慌張張地跟上她的腳步。不到一分鐘，便抵達了一棟有著廣大庭院的大房子前，她按了門鈴，不等人回應便熟門熟路般自己打開大門進去了（為什麼大家都不等別人回應呢……）。

接著，一位長相宛如《愛麗絲夢遊仙境》中柴郡貓的小個子可愛奶奶，眼尾帶著笑意出現在眼前，她問道：「哎呀，怎麼了？」腳下有兩隻貓正環繞著她。目光轉向玄關旁的大庭院，可以看到還有五、六隻具有各式顏色和花紋的貓咪，正遠遠地觀察著不熟悉的侵入者。

「這孩子說她想養貓。」（就說了我沒有這樣說……）

「哎，這樣啊？你有養過貓嗎？」

「啊？沒有，我沒養過……」

「這樣的話選母貓比較好。後天早上十點，記得帶能裝貓咪的籃子過來，我會等你來。」

重申一遍，我從頭到尾都沒說過想要養貓。

然而，兩天後要領養貓咪一事卻被定下來了，我甚至沒見過準備要帶回家的那隻貓的臉，只知道牠是一隻母貓……。

那一晚，我小心翼翼地和回家的丈夫說，我因為如此這般的原因而要養一隻貓，不知該如何是好。由於事發突然，或許我也期待著能找到一個拒絕領養貓咪的理由。

但是，丈夫卻立刻回答了。

「按呢嘛是袂穲啊。」[3]

3 原文是關西方言ええんちやうか，語感接近台語：「這也不錯啊。」的意思。

其實大約在三個月前、我們剛結婚的時候，我曾不經意地與丈夫提過想要養貓……。

從小老家就有養狗，但其實我更受到在家裡附近的貓所吸引。那時正值昭和時代，我家也是如此，飼養的狗通常不會待在屋內，而是綁在玄關前，多的是在狹小的庭院裡勉強徘徊的中型犬，看起來總覺得很拘束。

相比之下，那些不知道是否被飼養、自由穿梭於家裡內外的貓比較吸引我，看起來無拘無束很快樂。

當貓咪真好啊。

不過，我成長的家中除了有狗，還有鸚鵡，這種環境之下根本不可能養會攻擊鳥類的貓咪。媽媽總會一邊皺著眉頭、一邊潑水說：流浪貓在我們家和鄰居家之間的縫隙尿尿搞得很臭。

我曾隱約幻想過，離開老家後，總有一天能和貓咪一起生活。

因此在剛結婚時，我曾期待地提到想和貓一起生活的話題，但丈夫卻露出一副沒興趣的樣子。我們還不習慣二人生活，一堆事情忙得不可開交，我想說這也是理所當然，心裡也就自然地放下這件事。

不知為何丈夫像是完全忘記之前的對話，理所當然地贊成我突然要領養貓的事。那是二〇〇七年二月的事了。

別說結婚戒指了，我一次都沒有從丈夫那收到任何禮物。也許是因為這個原因，二月出生的我，感覺這隻在接近我生日的某天、突然來到我們家的貓，彷彿像是從丈夫那收到的第一份禮物。

由被收容的母貓所產下的三花貓，即便是由人類餵食，但牠不是在屋內被養大的，就像隻半流浪貓一樣，牠在前個深秋時出生，是隻約四個月大的幼貓。

把貓咪放入籃子後，貓咪開始喵喵叫，發出不安的聲音，一抵達我家便一溜煙地逃到房間的角落。陌生的兩人類一接近牠，牠便會不斷發出「嘶——

嘶——」的威嚇聲，四處逃竄，躲到壁櫥深處或是櫃子後面不肯出來。

我們暫時先不理牠，在房間的角落擺上貓咪可能會喜歡的藤編籃子和鋪著布的箱子。接著，小貓悄無聲息地進入籃內，呆愣地睜著圓圓的眼睛，彷彿在觀察人類似的。

「名字該取什麼好呢？」

「因為牠一直嘶嘶叫，就叫牠嘶嘶吧。」丈夫就這樣為牠取了名字。

從那之後便和嘶嘶度過了十三年多的時光。

每天家裡都有貓在，那隻我曾想著總有一天要一起生活的貓咪。非人類的生物在同個空間走來走去是一件多麼不可思議的事。

那隻生物很可愛，不論是睡覺、生氣、嘔吐或是排便，不知為何都很惹人憐愛。日復一日，幸福得簡直要昏過去了。

我最特別的貓咪「嘶嘶」，真的很感謝牠那天碰巧來到我們家。

老家的狗

那是我讀幼稚園時候的事了。

老家初次飼養的幼犬是一隻短毛的雜種中型犬，毛色像是稍微烤過的吐司。被取名為「里奇」的那隻狗是父親友人養的狗所生下來的，在幾隻兄弟中，牠好像是唯一一隻即便被父親抓著腳倒過來也一聲都沒有吠叫的狗。

為什麼非得要用那麼過分的方式要測試小狗呢？對什麼事都想要區分優劣的父親來說，這正是他會做的事。父親總是喜歡重複說這段故事，就像是戰國武將在述說功績一般，說他帶了一隻勇敢的狗回家。

里奇是一隻不會討好人類的狗。

不會無故吠叫、不會黏人撒嬌，也不會察言觀色。從幼犬時期就總帶著一股嚴肅的氛圍，即便長成成犬，也總是一副堅決的態度。

相較起來，如同丸子三兄弟一樣，哥哥、弟弟和我中間相隔快一歲，我們三個仍然散發著十歲左右會有的孩子氣，缺乏深思熟慮又毫不遮掩，每天吵吵鬧鬧地度日。

里奇會用牠謹慎又深邃的眼神凝視著我們這些孩子，彷彿牠才是哥哥一樣，帶著讓人忌憚的風格。

很少吠叫的里奇只會在牠感覺可疑的人們面前開口，能讓牠發出低沈的威嚇汪汪聲是非常罕見的事。

我覺得家人們好像都對里奇抱有一絲敬畏的想法，例如對牠說「你啊，真的做得很棒」。

遺憾的是里奇的狗生太過短暫了，年紀輕輕就被病魔擊倒，我記得是得到了絲蟲病。昭和五十年代時都將狗養在室外，預防性的藥物也不像現在如此普及。

雖然應該不只我家是這樣，但當時里奇吃的不是狗飼料，主要都是我們家吃剩的食物。燙過的雞肉之類的就算是豪華的料理了，什麼都行，總之給牠食物吃就好。現在想想，整天將牠綁在玄關前，放到現代來看幾乎算是虐待動物了，昭和是一個這種觀念和知識都尚未普及的時代。

里奇死掉以後，母親多次感到後悔，認為是因為自己連雞骨頭都餵給牠吃，才會害牠生病。我沒聽說過雞骨頭和絲蟲病有科學上的因果關係。雖然我不懂母親心底為何會這樣聯想，但我想她應該只是想找個理由吧。對於近在身旁的死亡，想要找到一個讓自己能接受的某種解釋。

也許是因為我當時還小，我不太記得里奇臨終的樣子。遙遠的記憶一角裡，我只記得某天里奇變得冰冷，蜷縮在紙箱內。在感受到悲傷的情緒之前，我首先被那即便不動了、卻仍舊是高傲的姿態所震懾。

或許是因為第一隻一起生活的狗就是如此，在我心中便深深將狗刻畫成那樣的存在。

里奇不在了之後，虎皮鸚鵡來到了我們家。

一開始我們在車站前的鳥店買了兩對鳥夫婦，牠們兩對夫妻的感情都很好，不斷接連著下蛋、拚命孵蛋，小鳥數量也增加了。我們將兩個家庭住的鳥籠像是兩代同堂一般並排擺放，等到各個鳥籠裡的鳥超過二十隻時，母親和我就放棄了為牠們一隻一隻分別取名。

已經區分不出每隻小鳥了啦。

超過三十隻鳥的時候，即便將四個家庭用鳥籠疊放兩層、每列放兩個，裡頭仍然是擠得密密麻麻的狀態，有些鸚鵡甚至因壓力而生病。

情況很不妙。

父親與當地的小學商量後，決定只留下最初的兩對共四隻鸚鵡，其他小鸚鵡則全數捐贈給小學。聽說那些鸚鵡們在寬敞的鳥舍裡自由自在地飛翔。毫無疑問，牠們比待在我家的時候還要幸福。

當鸚鵡還有二十隻左右的時候，一隻柴犬的幼犬來到了我們家。

這對我來說是第二隻狗。

有一天，比我小兩歲、就讀小學五年級的弟弟說他想要養狗。成為中學生的哥哥和我已經有了「自己的世界」，弟弟可能是希望在家裡有個玩伴吧。

然而父親強烈反對養狗這件事。

雖然弟弟性格溫和又喜歡動物，但他幾乎沒有在照顧鸚鵡，房間也總是一片凌亂。喜歡的玩具一旦玩膩了，就會像垃圾一般隨便亂丟，弟弟就是那種典型的「隨心所欲行動的小學生」。他作為家裡的老么，一直是最受寵愛地養育長大，也沒有照顧過比自己年紀小的人。

我能夠輕易想像到父親的這種擔憂，作為一個飼養生物的人，弟弟實在無法讓人信任。我滿喜歡鳥的，也自認很積極照料鸚鵡，但問題是鸚鵡的數量真的太多了。一不注意，只要半天飼料盒就空了，糞便量也很多，所以需要每天更換鋪在鳥籠底部的報紙。飛散的羽毛量很驚人，鳥籠周圍的清掃也不能忽略。身為「女兒」的我作為負責家事的母親的助手，有許多事要做。我總是因為搞錯方法或順序而遭到責罵，所以我不覺得自己完美地照料好了小鳥們。

雖然寵物很可愛，但照顧牠們非常辛苦。

因為我這樣認為，所以我對養一隻新的狗這件事感到很大的不安，反正弟弟一定又不會照顧狗了，他只會「疼愛」動物而已。

雖然母親同樣不相信弟弟口頭上說「會好好照顧狗」的承諾，但她一直認為是自己害死里奇而感到後悔，也許她是想重新來過吧。面對弟弟要求養狗的言語攻勢，母親反駁的語氣也逐漸變弱了。

最終，輸給了老么的撒嬌，我們家再次迎來了一隻狗。這次不像里奇一樣從友人那邊領養，而是到寵物店購買。

不知為何母親也叫我一起去挑選小狗，恐怕是因為他們兩個（母親和弟弟）性格容易感情用事，對於要挑選一隻將會長期生活在一起的狗感到不安吧。

但是，順著情感做出的選擇難道不是正確的嗎？那種不安之後得到了證實。

因為事先就聯絡店家希望能買柴犬，所以一到寵物店時，店內中央像嬰兒床一樣的柵欄中，有五隻柴犬幼犬正在滾來滾去。就連不特別喜歡狗的我，都被那可愛的模樣迷住了。母親也徹底被吸引，弟弟則興奮到比小狗還更不安分。

母親和弟弟一邊聽店內員工說明每隻狗的性格，一邊嘰嘰喳喳地用刪去法篩選該帶哪隻小狗回家。

一開始我們將性別限定為公的，但弟弟卻著迷於一隻很有小狗該有的樣子的狗，牠會精神奕奕地嚶嚶叫，同時又很親人、會主動跑來接近人。雖然母親也被那隻小狗的可愛所吸引，但卻對小狗無法冷靜下來的行為感受到一絲不安，因此在我推薦的另一隻安靜坐著、東張西望地抬頭看人類的小夠之間，母親猶豫了。

員工驕傲地給我們看那隻親人小狗的血統證明書，裡頭寫著一堆像是牛郎店會出現的花名。

猶豫到最後，一片膠著的氣氛中，我如此直接地說：「我討厭不冷靜的狗，像里奇一樣不會叫的狗很好。」

結果，親人又會嚶嚶叫的狗出局，我們帶了成熟又會察言觀色的狗回家。

當小狗被帶回家、從箱裡（應該是紙箱）被放出來的時候，牠露出警戒心，不安地環視四周，蜷縮在靠牆的直立式鋼琴腳邊，直到晚上一動也不動。

因為牠看起來有些遲鈍，所以就叫牠「阿鈍」（真過分），儘管媽媽和弟弟對牠沒有小狗該有的樣子而感到不滿，我卻覺得不討好人的阿鈍真可愛。

然而隔天從學校回來後，沒看見阿鈍的身影，取得代之的是另一隻搖晃著短尾巴、在人類腳下嬉戲的親人小狗，在家中一邊嚶嚶叫一邊跑來跑去。

欸欸欸欸？

弟弟看來對那隻小狗疼愛得不得了，與牠彷彿像老朋友一般地打鬧著，感覺就像兩個笨蛋小學生，總覺得讓人生氣。

對於剛升上校規多如山的中學的我來說，感覺他們天真無邪的模樣「遙不可及」。那種「遙遠」混合著一種微弱的痛楚，我不懂自己為何會有那樣的感受，畢竟當時的我應該連何謂痛苦都無法理解。我無法準確地言喻、也不懂這種感受，但胸口某處卻感到疏離。

「阿鈍去哪了？」

「讓那麼陰沈的狗待著，家裡會變得死氣沈沈，所以我把牠送回去了。」

母親像孩子般回答。

過了一陣子，我聽母親說阿鈍被一對老夫婦領養了，她到底是從哪得知這些消息的？這讓我感覺自己彷彿和阿鈍一起被拋棄了，胸口一陣刺痛。然而我依然不知道自己想要反駁什麼、又想怎麼反駁，只能默默地盯著眼前的狗。

這隻小狗被取名叫做「洛基」，在我家健康茁壯地成長，不出所料長成了一隻如孩子般天真的成犬。

牠和小時候一樣，只要見到人就會瘋狂地搖尾巴，對誰都會黏上去。雖然對喜歡狗的人來說也許會無法抗拒，但我總是會拿牠和一副堅決態度的里奇比較。說好聽一點洛基很陽光開朗，但如果說難聽一點（為什麼要這樣？），我無法真心地覺得輕浮的洛基很可愛。

現在想想，加上阿鈍的事，我和洛基的關係從最初開始就不太順利。

家族內的「排序」

洛基某天變成了羅伊。

媽媽說「青山洛基」這個名字是根據姓名學算出來的，牠這樣坐不住的天性似乎是由姓名決定的。

為、為、為狗算名字？

母親非常認真（她一向都那麼認真）。按「青山羅伊」的筆畫數來看，牠應該會成為一隻沈穩又威風凜凜的狗（什麼？）

一旦認定某事就會堅信到底的母親像念咒一般叫著「羅伊、羅伊」，試圖將名字灌輸給狗，而作為當事者的洛基只要有飯吃、有得玩，名字叫什麼似乎都可以，這也難怪。

洛基便以「青山羅伊」這個名字度過牠之後的狗生。

與母親預想的大相徑庭，即便名字改成「羅伊」，牠還是一樣坐不住、四處跑，老是跟在人們屁股後面，性格依舊天真愛搗蛋。不過這樣有什麼問題嗎？

牠就是一隻狗罷了。

打開童年時期的相簿，泛黃的快照上印著的羅伊是一隻標準的柴犬，五官端正，甚至散發出一種像年輕時的鄉裕美那樣的甜美。因為喜歡狗的人造訪我家都會笑容滿面地撫摸羅伊並說道：「長得真帥氣」、「真是隻可愛的柴犬」，所以我想羅伊自己也有意識到「我是一隻可愛的狗」吧（大概啦）。

外表出眾，個性又討人喜歡，也難怪大家會覺得可愛。

然而，不論過了多少年，我還是無法全心全意地疼愛羅伊。

倒不如說羅伊是個讓人無法忽視、需要特別照料的存在。

我家是一直是被彷彿奉行陳舊家父長制、如政黨領袖一樣的父親所帶領，存在著必須遵守的規矩，像是一種排序。無論是夾菜還是洗澡，除了依照年齡排序，男性總是優先。

無庸置疑，父親一定排第一，而兄弟姊妹之間也有排序之分。第一個誕生、作為長男的哥哥在所有方面都享有優待，而弟弟雖然是第三個小孩，但因為是男生，還是會比身為女生的我優先。結果就是，排在哥哥和弟弟中間的我永遠都排在第三、總是被「推遲處理」。

然後再加上羅伊。

很常聽說狗會意識到自己在家中排「倒數第二位」（不知道是真是假）。我家也是如此，我能從羅伊的態度感覺出來，牠將身為老么的弟弟排在自己下面。對弟弟來說，似乎這也成為了羅伊可愛的理由（他就像是個開心的僕人，看起來是一種很歡樂的關係）。

然而，對我來說，感覺就像是這隻狗「牠把自己在家族中的優先順序排在比我還前面的弟弟再更上一級」，把這種複雜的排序推到我眼前一般。

現在想想還真、真是複雜……。

小時候的我堅信自己成長的家庭樣貌就是「世界的常態」，因此我也沒意識到，自己不知不覺成為了名符其實的「排序主義者」。

我們家非常嚴格執行性別分工。家事全部屬於女生的工作，照顧人或動物等等「照顧家人」的事情也包含在裡頭。

女生就該具備慈愛精神及不求回報的愛，抱持著一顆奉獻的心來侍奉家庭。母親自己在成長的家庭中，受這種封建又古板的教育，也從沒有在公司工作的經驗，所以我想她已經接受了女性必須為了家庭而活的性別分工。

父母可能是受到他們成長的古老時代影響，他們似乎共享者某種「理想中的男人」和「理想中的女人」的形象。

作為父親和母親，他們都試圖盡心地扮演好自己的角色。兩個人都對「正確」的事物非常認真，身為小孩，與這種無法反駁他們的「正確」之人一起生活，甚至他們還是自己的父母，實在相當辛苦。

即便同樣是小孩，我覺得身為女生的「女兒」比身為男生的「兒子」還要吃虧，接受這種角色分配讓我感到喘不過氣，就像是某種無法嚥下去的東西一直卡在喉嚨裡一樣。

對愛的條件

羅伊是一隻開朗又自由自在的狗。

我家旁邊變成空地後，雖然邊界圍著金屬網的柵欄，但羅伊卻能巧妙地挖出一個洞，隨心地重複脫逃。不論重新修幾次網都沒用，牠彷彿是在抗拒被關在家中的不自由。

曾發生寵物犬脫逃後造成鄰居困擾的事件，畢竟不是每個人都喜歡狗，而且雖說是中型犬，但仍會造成小朋友的恐懼。每當鄰居來按門鈴，我都會感到心悸。

「羅伊在坡道下面喔。」

雖然口吻很溫和，但重複幾次後便會轉為「又來了？」這種責備的話。

因為羅伊重複脫逃很多次，所以我大概知道牠的逃跑路線會在牠交往的（牠晚上擅自爬到別人家）女朋友狗的家裡附近，或是逃到附近幾個總會在口袋放狗狗小點心、喜歡狗的溫柔阿姨們的家。

「不要對牠太兇喔！」

她們完全站在羅伊那邊，是牠的粉絲。

不知不覺間羅伊和其他狗狗建立起親密的關係，與自己的夥伴深入溫暖的交流。

羅伊在家裡和附近來來去去，到哪裡都被接納。光是作為一隻狗就能受到疼愛（這也是當然的），但我生而為人，接收到的愛卻附帶著各式各樣的條件，總覺得真的是太可惡了。

無論怎麼說，對於比誰都細心照料羅伊的母親來說，牠就像是受寵的小弟一樣，被源泉般的愛所灌溉，所以牠非常喜愛家人們，就連對牠冷漠的我，羅伊只要察覺到我從外面回來的動靜，就會因為太過興奮高興而失禁。

才一回到家就得用水沖洗狗尿，真是麻煩。

狗狗熱烈歡迎我的這件事，別說我會開心接受了，我反而覺得生氣，我啪啪地打羅伊的背。以管教為名，就像母親對我的方式一樣。再者，中學的老師也是像這樣理所當然地管教（昭和真的是很過分的時代，完全不是過去式，十分痛苦）。

不論被罵得多慘，羅伊都不會咬人，只會發出聽起來很難過的嗚嗚聲。

後來我只要一看到霸凌或虐待兒童的新聞，我就會突然想到自己和媽媽對待狗的事情，胸口便會感到不安和刺痛。情緒中包含了「真過分」和「無法原諒」，「對不起」也混雜在裡頭。

成為大學生時，在自己的世界活得太開心、總是不在家的弟弟也完全不帶狗去散步了。但他偶爾見到羅伊時，仍會持續給予牠毫無雜質、純粹愛，一起在庭院裡打鬧翻滾。

祖護羅伊的弟弟說道：「用不著那麼嚴厲地對牠吧。」

什麼啊？明明也沒在照顧牠，我否定了弟弟那種愛的某些方面。那樣說會不會自私了？這樣想的同時，有弟弟純粹的疼愛，我又覺得很替羅伊高興。內心交織著兩種完全不同且矛盾的心情。

一看到羅伊，比起覺得牠可愛，我會因為無法好好整理自己的情感而產生複雜的心情。不知不覺中，我變得不擅長面對不帶有邪念和偏見、閃爍著清澈眼眸又相信愛的羅伊，還有狗的存在。

羅伊是一隻總是那麼可愛的狗。當時沒有這樣覺得，至今我覺得很抱歉，感覺這件事表現出了像我這樣的人代表的人類醜惡，真可悲。也許我其實是羨慕羅伊的。

幾年後，母親在臨終前，生命的盡頭真的近在眼前、忍耐痛楚的時候，她在病房裡唐突地脫口而出這些話：

「友美子，我啊，本來想更加疼愛羅伊，牠真的是一隻可愛又聰明的狗，對吧？但我卻為其他事所苦，明明可以更疼愛牠的……」

母親竟然在病床上想到了十幾年前死掉的狗……因為沒辦法純粹地去愛，母親也感到很痛苦。

我只能無力地回答道：「媽媽有好好疼愛過牠了喔，我也想好好疼愛牠，但也無可奈何。」

我們想要的不是將照顧牠當作該做的事，而是想寬容地照料牠，連對那些麻煩的事情也抱持著疼愛。

在我們家待了十五年的羅伊沒有生大病，自然地過世。牠臨終時在家中家人的守護下靜靜地睡去。

眼淚沒有乾過的母親想直接把牠埋在庭院裡，但父親說：「狗和人類不同，最好不要有所留戀」，並聯絡衛生所安排火葬。骨灰沒有回來，也沒有什麼寵物喪禮，也許是因為在那個時代的關係。

當我從一畢業就去上班的成衣製造商轉職到出版業時，忙到連續好幾天深夜才回家，我只是匆匆看著漸漸變得瘦弱的羅伊。某天夜裡，我看見在客廳角落側躺在毛毯的羅伊開始痙攣的樣子，我完全止不住淚流。那麼痛苦啊，好可憐。曾經用冷漠的目光看向狗狗的我，不假思索地抱緊了牠。

隔天早上，羅伊就變得冰冷了。

雖說是養在屋子外，但也是長年共同生活在同一個屋簷下，就連薄情的我都陷入驚人的悲傷中。

只有在每天的雜事中會偶爾想起關於羅伊的回憶，倒不如說，也許我也不想回憶起自己至今做過的事、做不到的事，然後不知不覺中記憶中便不再浮現這些事——只留下「家裡曾養過狗」這個事實。

順道一提，即便弟弟現在被妻子和女兒嫌煩，但我還是會羨慕他。他已經成長為一位大叔，會照顧只要有煩心事便會隨心所欲地聯絡他的姊姊（我），雖然不是太細心的照料，但他很擅長照顧，從以前到現在都沒變。

初次獲得的平等關係

開始和貓咪一起生活後，我變得很常回憶起羅伊。

某天突然來到我身邊、四個月大的三花貓嘶嘶，看著當時的照片，可以從頭大的幼貓特有比例看出牠的年幼，但幾乎沒有和貓咪接觸過的我不太了解貓咪的尺寸感。

「小貓真小隻。」丈夫用他宏亮又低沉的聲音重複說道時，小貓便如同橡皮球一般彈跳到房間的角落躲著。

即便經過數日，牠還是會對靠近牠的人發出威嚇的嘶嘶聲，當初我有點氣丈夫，認為小貓會無法習慣是因為丈夫替牠取名為「嘶」的關係。

完全是養貓新手的我，最一開始做的事是到處翻閱「寫給第一次養貓的人」這種類似教科書的書籍（我都先從插圖多的入門書開始讀起）。

有一天，嘶嘶跳到了餐桌上。

我像貓咪教科書寫的那樣實行作戰，為了嚇嘶嘶，讓牠認定桌子是恐怖的地方，我在牠的背後「砰」地一聲猛力用雙手拍桌面。

但是，嘶嘶只是朝聲音的方向瞥了一眼，呆呆地待在桌上。

「什麼啊，什麼用手拍的爛方法。說句『讓開』貓都能懂了。」

愣在一旁的丈夫用手指說：「那邊不行！」小貓便優雅地跳到地板上，看起來沒什麼大不了的樣子地消失到某處。

丈夫對待貓咪的態度和書上寫的「飼養方法」完全不同。他的老家是商店街一角的布料店，附近總有幾隻貓咪會自由進出店內外。相較之下，只要我老家的狗羅伊一搗蛋，我就會嚴厲斥責牠、在庭院尿尿的話就會動手管教，但我不想對嘶嘶大聲或動手。

羅伊正如牠被稱作「寵物犬」一樣，是由人類進行飼養的。光是為牠準備食物和確保睡覺的地方，我就能站在「強勢一方」的位置。受到立場這根看不見的線所牽引時，便會產生上下關係，或者說主從關係。我希望盡量不要在自己和嘶嘶之間建立這種支配結構。

能做到的人就做。如此而已，這樣不是很好嗎？

我希望能有一種不同於「父母親」和「小孩的我」、「我」和「寵物犬羅伊」之間的那種相處方式。

特別重要的存在

貓咪突然之間闖入沒有小孩、只有我們夫婦二人的生活。

雖說貓咪和人類是不同動物，但該怎麼說呢，我無法認為牠是寵物。談到這個話題時，曾有人善解人意地對我說：「對你們兩個人來說，牠就像是小孩般的存在吧。」

欸——貓咪就是貓咪啊，牠不是小孩（雖然我沒有養過小孩，所以不太清楚，但大概不一樣），它既不是寵物，也不是「我家的小孩」。我現在仍然難以好好說明。

從小時候開始，我或許因為封閉的環境，導致「自身」排序定位低而感到壓抑，因此很憧憬能夠和自己以外的其他人，在名為「家」的場域裡分享一種信賴關係。

也許可以說「像這種能想像到的關係指的是家人或夥伴」，這種想法很棒，但對我而言，想法很豐滿現實卻很骨感。我想對貓咪索求一種更輕鬆簡單又平等的關係（很理所當然地說，貓咪從一開始就是這種感覺了）。

我只是想說，對我來說，嘶嘶是「特別重要的存在」，僅此而已。也許是動物聰明的直覺，或是嘶嘶已經確認準備食物的人是我，雖然牠不會特地靠近我，但牠漸漸越來越常會露出向我拜託的動作。

希望這個沙發能讓嘶嘶放鬆地生活。

希望這個籃子能讓嘶嘶安心地睡覺。

找尋牠可能會喜歡的布並整理空間後，嘶嘶不知不覺中會到達那個場所，看起來心情很好地理毛放鬆。

真是隻聰明的貓咪。這隻貓大概能讀懂我的心吧。

我心中的渴求一個個因著貓咪的姿態而得到滋潤，至今從未感受過的幸福感觸盈滿胸膛。

我驚訝於自己輕輕撫摸嘶嘶的手的溫柔，原來自己也擁有這種溫柔。既沒有養里奇時感受到心的距離感，也沒有像擁抱羅伊那樣曲折的情感。看著能按自身喜歡的方式過生活的自由的生物，不高興的時候就不會靠近。只要有這種存在待在身邊，我就能感覺像被解放一般。

電視劇或漫畫裡不是會出現這種場面嗎？光是穿著制服的兩個人靜靜地並肩坐在河灘上，似乎就能讓人知道當下有著強烈的安心感。

啊，原來他們是這樣的心情啊……（總是在和別人待在一起時害怕沈默的我，光是看到這種場景，就會莫名感到不自在。）

一直抱持著的如同電影《獨渡太平洋》的孤獨與寂寞也不知道消失到哪去了。嘶嘶教會了我看似獨自一人、卻又不是一個人的平靜且溫暖的安心感。

我全然地傾心於貓。

不，其他的貓我不清楚，但我變得非常喜歡嘶嘶。閃閃發光的黃色調眼眸，混合了茶色、黑色和白色的三種毛色，以及眼周清晰延伸的眼線。

竟然有這麼美麗又溫柔的生物存在於這個世上，這樣的存在沒出現在世界上其他地方，而是待在我生活的家中，對於這個事實，我始終都感覺到像是要昏倒一樣，日復一日每每見到嘶嘶，就會幸福到無法自已。

嘶嘶沒有生過什麼大病，順利地成長。經過了教科書上說的幼貓會有的行為，以及因應年齡而產生的體型變化，牠吃飯、睡覺、玩耍及外出。

我對嘶嘶沒有其他要求了，嘶嘶做的事就是我希望牠做的事。

隨著一年、兩年過去，一起生活的時間越長，我就越能理所當然地察覺到嘶嘶想要什麼（或是不想要什麼），也就不再打開教科書了。

成為自由工作者、工作是在自家書寫的我，幾乎整天都感受得到嘶嘶的氣息。我生出著作的所有時間都有嘶嘶陪著。

「是說，自己家的貓啊，是因為牠是自己家的貓才會覺得可愛嗎？如果和其他的貓一起生活，我也會覺得那隻貓和嘶嘶一樣可愛到受不了嗎？」

「那應該要看是哪一隻貓吧？」

面對丈夫的直球回答，想到眼前的貓咪對自己來說是特別的存在，真是太幸福了，心深深地顫抖著。

如果嘶嘶不在了那該怎麼辦？雖然我知道對壽命不同的生物而言，再怎麼假設也無濟於現實，但每當不安浮上思緒，我便會慌張地否定這個念頭，這是我最害怕的事。

嘶嘶在被診斷出惡性淋巴腫瘤後，與病魔對抗了半年左右後去世了。活了將近十四年了，可能和羅伊一樣壽命都已經到了所謂的盡頭。

與病魔對抗的期間和新冠肺炎擴大傳染的時間重疊，是一個為了面對未知的狀況、渴望鼓勵且正面的話語的時期：「不要輸給病毒」、「雖然不方便，但還是要珍惜每天的快樂」。

嘶嘶不在的生活只有寂寞，彷彿只要一開口，悲痛的叫聲便會脫口而出。但是，不行這樣。不應該在這種辛苦的時期哭哭啼啼地談死去的貓。明明沒有人和我這樣說，但我變得更常用手將快出口的聲音掩住，壓回去自己內心深處。一天又一天，接著漸漸地、漸漸著越壓越深。

二〇二〇年的初夏，我感覺自己變得「孤獨一人」。如同自己的分身一般的特別存在不在了以後的孤獨十分猖狂淒涼，內心深處彷彿像是一片被野火燒過的原野，荒涼的空虛感蔓延開來。

第二章

飲食與飲酒習慣的改善

二〇二〇年，我幾乎沒有斷斷不在之後的初夏的記憶。

因為我停止工作半個月左右，片刻不離地照顧貓咪，所以也有過截稿日都擠在一起的時候。加上初春開始的線上文章講座比預期的報名人數還多，於是提高了人數上限。一對一的互動場域比想像得還要更親密，也因為斷斷的事收到了關心。我想到當時的我收到了相當多人的鼓勵。

剛好在那個時期，我正在和翻譯家村井理子、校對的牟田都子進行接力連載，包括平常負責的編輯，我們四人分享了Slack[4]，只要發生一點小事就能像輕鬆的對話一樣寫上去。

加上我們全員各自都是養狗或養貓同好，就算不刻意將痛苦和寂寞說出口，也能感受到「他們都懂」的溫暖，而且我也能接收到那些有過失去重要存在經

4 雲端團隊溝通平台，可分享檔案、溝通、語音、視訊等。

驗的前輩們所給予的真摯話語。

我會決定要迎接新的一隻貓咪，也是因為聽到了這段話：「失去貓咪的傷悲只能透過貓咪來填補（狗亦然）」。

七月末時，我注意到了一對被中途的貓姊妹。緣分迅速地牽在一起，這對虎斑貓和三花貓姊妹在八月初時來到我們家。才剛出生兩個月左右的幼貓們不久就習慣了新環境，看他們這個樣子，我感受到了如同未知世界的開拓者的堅韌。

我必須在沒有嘶嘶的世界上繼續活下去，必須有精神地養育身體還很小隻、手腳像是樹枝一樣細的小貓，這些該做的責任或許能將哭泣的自己拉回正軌。

小貓們充滿絢爛生命力的動作、蘊含滿滿好奇心的眼眸閃爍，年輕又柔軟的身體就是健康的代表。每天看著滿溢青春的身體，這是中年夫婦和老貓的生活中沒有的東西，不知為何我感覺那非常遙遠又炫目。

真實逼近的衰老

當時，五十歲已經近在我眼前，但其實我幾乎沒有思考過關於「衰老」這件事。我很常從有育兒經驗的朋友那聽說，在養育孩子的過程中，一個生物從嬰兒到小孩、經歷青春期，隨著年齡增長，自己的身體也會讓你發覺「老去」這個事實。

那種對年齡差距的感覺，很類似剛進入老年的祖父母在孫子女身上感受到的那樣，如果將對象換成貓咪，我也第一次開始意識到自己「正在老去」。

半年前，丈夫因為心絞痛而緊急入院進行手術。檢查發現多處堵塞的心血管，是長年承受了不注意身體健康的結果，肥肥的脂肪堆積在身體裡，運動不足又吃多喝多的生活習慣也是其中一個原因吧，老化的血管可能終於撐不住了，畢竟已經不年輕了。

老化這個現象讓我也無法置身事外。

話說回來，我這幾年健康檢查被醫生淡淡地說血脂太多和血壓太高，框框外的注意事項歸納起來就是一句話：「接受診察並重新檢視生活」。

甚至不需要到量化數字，用眼睛看就能看出體型變化，明顯是變胖了。有時候會從鏡中看見變得總是穿著全身寬鬆、大尺寸衣服的自己的模樣。不是那種年輕人穿的可愛 oversize 風格，而是覺得輕鬆才選擇穿寬鬆的衣服，自己這股可笑的心情又是怎麼一回事。

既不俐落也沒有精神，先不論外表如何，荷葉邊的T恤就代表著我的「心情」。哎呀，因為已經到中年了嘛。雖然我也有想要改變這種豁出去的態度，但是，幾個月後的生日就快要迎來如人生分水嶺的年紀，我突然就回過神來。在這之後的十年、二十年，我能夠用這個身體舒服地、比什麼都要有精神地活下去嗎？我覺得我辦不到。

我明白我該做些什麼：改善飲食習慣、多做一點運動，雖然我了解，但做得到的自信並非百分之一億，我的意志薄弱到就像撈金魚紙一樣快破了。

私人訓練的選擇

我頻繁地在社群網站上發出想找人討論的貼文，出現很多同個抱有相同煩惱的同齡人紛紛聚集，向我吐露內心話，於是我從中得知了「私人教練」的存在。他能教我使用器材進行肌肉訓練，也能提供個人化的飲食指導。

問了才知道，已經有不少友人們會勤奮地上健身房、定期運動，重新檢視飲食了。大家真有意識啊！完全落後別人所造成的焦慮狠狠推了我一把，但同時我也在猶豫著。雖然已經休會一段時間，但其實我之前有向思想家及武術家的內田樹老師拜師學習合氣道。

屬於武術的合氣道與西洋運動的思考模式從根本上就有差異，合氣道並不會做像運動一樣針對特定肌肉的訓練。不是在「鍛鍊」特定部位，而是透過柔軟且全面地運用全身，來引出本來擁有的力量。身體並不是由鍛鍊而生，而是累積了各種鍛鍊，讓身心達到協調的結果。如此理解身體的我，對於像是使用器材來「造出身體」的「肌肉訓練」……嗯，嗯——，嗯——。

不過，我也有考慮到這些事。

我的身體很快就要迎來五十歲，這五年來明顯地越來越衰老，如果再這樣繼續坐在電腦前，下半身的肌力下降會尤其加速吧。現在不該是不在乎也不採取行動的時候吧？

再仔細一想，有在進行訓練的朋友們都沒有變得很壯。稍微做一下運動是不會讓身體變壯的（這是非常基本的常識……），說不定我對「練肌肉」及「鍛鍊」的想像具有根本上的錯誤也不一定。

我略有耳聞，私人教練課似乎不是那種直接用重量、蠻力來訓練身體，更像是小小聲地討論你的小煩惱一樣，傾聽身體來進行訓練。

我試著這樣想像了。

喚醒應該要使用卻正在休眠的沈默肌肉，全面地運用全身並端正「姿勢」。比起說是「肌肉訓練」，不更像是「重新檢視肌肉」嗎？

這樣啊，這就是有效活用我的身體資源，那樣的話也許很好。

我的腦海中對昭和時代的健身印象，是肌肉結實的人和器材戰鬥這種古板的印象（是哪個時代？）因為聽到健身房這個名字會先感到害怕，所以我將網路上的圖片當作食物來判別，確認健身房的氣氛不像是肉食性的野生叢林，而是像草食性動物聚集了綠洲一樣。

經歷了幾個健身房的免費體驗，我發現了一家由 Yusuke 老師獨自經營的小型訓練工作室。

比我年紀小很多、三十歲左右的 Yusuke 老師皮膚白皙，眼睛大又可愛，整體來說是個可愛的男生。中等的身材和態度都不會帶有「壓力」，情緒也不會太高昂或低落，放鬆沈穩的聲音很有安心感，感覺很棒。

工作室為女性專用，大面窗給人寬敞的感覺，是一個以亮乳白色為基調的柔和空間。Yusuke 老師說，想要創造出一種讓不擅長運動及機械氛圍的人也能放鬆進行訓練的環境。

我在心中大喊道：「那個人終於來了！」

有效活用我自己的身體資源

根據 Yusuke 老師的說法，體驗課那天做的事可以說是在診斷我自己的身體，就像是一場發表，告訴自己如果在必要情況下做了某件事，身體會感覺如何一樣。

教練在網路上記載的經歷和證照名稱，我都不知道那是什麼意思，為了配合這樣的我，他沒有使用專業術語，而是用了形容我的身體狀況的話語，讓我很順暢地理解了。

骨盆前傾造成我的腰部往後彎，為了矯正骨盆的傾斜，只要把注意力放到腹肌（深層肌肉），全身的平衡就會大幅度改變，腰痛也許能得到改善；脖子太往前突出的話，就放鬆背部的緊繃，讓肩胛骨周圍變得柔軟，再動一動背和上臂，就能舒緩肩膀僵硬，對頭痛似乎也有效。

因為我站立時習慣把膝蓋伸直到底，所以大腿前側很強壯、肌肉多。相反地，就要注意並活動大腿的後側，平常走路的時候便會感覺腳變得輕盈喔。

光是從站立這個姿勢來判斷，Yusuke 老師彷彿是看著我一整天都駝背坐在電腦前一樣，完全了解我的日常。從他的話語中可以得知他是一個「學習了很多身體相關事情的人」。

除此之外，讓我留下印象的是，他觸碰到我的身體時的做法。在練習合氣道的時候學到了一點，「光靠觸碰便能知道這個人」的身體接觸的觸感。從指尖的接觸面告訴我，Yusuke 老師是一個非常謹慎對待身體的人。

我的身體能接受，如果是這個人的話可以安心將身體寄託給他。雖然他建議我慢慢考慮，但我立即就決定入會。

我想有效活用剩下的資源，想要消除多餘的脂肪，想要以此為機會重新做生活中各式各樣的事。說得誇張一點，我也許是想改變自己。

長時間生活在一起的貓衰老離去，日常早就在變化了，我抱持著想要讓在停滯在某處的自己煥然一新的心情。

二〇二〇九月上旬，我報名了為期兩個月、每週兩次的訓練課程。

一旦試著開始訓練，不堅定的決心轉變成大汗淋漓的辛苦。Yusuke 老師適度地在訓練菜單中引導我，注意我的肌力極限能做到的動作。一開始還很輕而易舉，到後半段卻非常辛苦，但我沒有勉強。因此不論是哪個菜單，我都一定會嚐到自己比上次更努力、彷彿抵達終點的快感，非常開心。

原來「挑戰並達成某事」，這種程度的喜悅也能讓心情有大幅度的轉變啊？對於一直以來對什麼事都「不努力」、「不達成」的自己來說，訓練期間真是新鮮又快樂的驚喜的連續。

活動身體果然會讓人很舒服啊。被 Yusuke 老師解放的身體狀態，以及針對身體的知識理論都很有趣。身體和頭腦的興致都在提高，四十五分鐘的訓練總是一下子就結束了，隔天早上一定會像剛出生的小鹿一樣，腳撲簌簌地顫抖，有時候可能會換成手臂或腹肌。我很開心身體有直接的反應，實際感覺到自己正在改變。

開始訓練後體重很快就減了兩公斤，體脂肪則減了百分之零點七。我想大概是減去了多餘的水分和身體的浮腫，光是這樣就感覺稍微變得輕鬆了。

從那之後七個禮拜的時間，我產生了超乎想像的劇烈變化，雖然我現在還是在思考，那樣的變化到底是好是壞。

雖然身體上的數值變化很大，但飲食習慣的改變才真正為我的人生帶來變化。

要吃什麼才好呢？

距離身高變成一百六十二公分的青春期，已經將近三十年了。我的體重大約在五十一到五十四公斤之間上上下下地徘徊。

我很喜歡吃吃喝喝，跟隨慾望生活的結果是，皮下脂肪跟房內的厚厚灰塵一樣，不知不覺地堆積起來，讓我的臉和身體輪廓都變得圓潤。像是看見灰塵後開始認真打掃一樣，我每隔半年左右會進行一次脂肪斷捨離的減肥，一週就甩掉約三公斤，沒有瘦到手邊的衣服尺寸不合，而是差不多瘦到剛好溜進健康檢查標準值的程度。

我的減肥方法極其簡單，就是盡可能減少碳水化合物和脂肪的攝取，以及忍耐不喝酒而已。

我沒有做訓練相關的運動，只是順便為了整理身邊的事物，稍微認真地刷洗平常隨便打掃的浴室和換氣扇等等，不過是將日常的勞動延長。我覺得如此就能輕鬆瘦下兩、三公斤是因為平常吃太多。

然而，臨近四十歲後半時，該怎麼說呢，漸漸變得難以迅速「降低數值」。單純減低體重，體脂肪率也沒有改變，肚子還是胖嘟嘟不緊實。此外，如果不吃飯或是麵包等等主食，減肥差不多到第三天的時候就會感受到倦怠疲勞，也會容易感冒。不論內外，身體的狀況都不舒暢。

「重複勉強減肥對身體造成的負擔極大，肌肉量也會下降，變成難瘦的體質。」

減肥書籍中寫到的事，正發生在我的身體上。比起年輕時候，新陳代謝變得不好，皮膚也感覺緊繃，整個身體的反應都變得遲鈍了。

開始覺得和 Yusuke 老師一起訓練很不錯時，終於進到了正題。自己該吃些什麼才好呢？哪些東西不可以吃呢？完全無計可施的我在傾訴過去的經驗時，迫切地尋求「飲食」方面的建議。

面對充滿幹勁與期待來商量的我，Yusuke 老師的提案卻是簡單得讓人失去興致。

「青山小姐，請先試著吃吃看自己覺得不錯的菜單和份量。」

咦——欸——欸——我就是因為那樣才失敗的，所以感到很不安……。

「沒事的，先從你想吃的飯開始增量或減量，一起找出對你來說壓力最小且最好的飲食吧。」

自從那天之後的每一天，從早上喝的奶茶開始，不論吃了什麼，只要是進到口中的食物都會一個一個用手機照下來，晚上睡覺前整理成清單，把記錄下的內容寄電子郵件給 Yusuke 老師報告。

針對我的報告，我會收到這樣的評論，例如：

「午餐吃豆腐味噌湯、納豆和薑汁豬肉的話，會攝取太多蛋白質，所以可以將豆腐改成海帶或羊棲菜等海藻類，如此可以攝取到礦物質，蛋白質的量也會變得剛剛好喔。」

另一個例子是，我一直被灌輸米是減肥時要避開的醣類食材，所以我想盡快開始不吃主食，這時我收到了這個提案：

「我也很喜歡吃飯，如果想吃但又要克制的話，換成雜糧米如何呢？如此可以延緩醣類吸收。碳水化合物很快就會變成能量，所以如果是要訓練的日子，早上吃一個飯糰，反而身體能更靈活舒服也說不定。」

竟然！

想說讓身體輕盈一點比較好，所以我一直都是忍著飢餓進行訓練……。

除此之外，我因為害怕油的卡路里而進行節制時，某天收到了Yusuke老師傳來的訊息：

「應該要適度攝取橄欖油或紫蘇油等等的好油，炒菜時改成用不沾鍋，使用的油量只要少少的就能帶出食材風味，美味地享用。」

我一直認為減肥就是要往「減少」的方向前進才好，但Yusuke老師卻讓我增加了更多「進食」的選項。每個食材都有適切的食用時機，也就是考量到食材的特徵，適量食用。剛開始對每樣食物都會感到困惑，但漸漸就掌握到了自己喜歡的食物該在何時吃、該怎麼吃。

不是「不吃」，而是開始思考「吃」的意義後，體重和體脂肪都會不可思議地持續下降，非常有趣。考慮到營養均衡後，因為極端減重而感到的身體不適也都消失了。

過了一個月後，我減了四公斤，體脂肪率下降百分之五。

「請不要努力過頭喔」，Yusuke 老師會不經意地提醒我踩煞車，我曾經很高的血壓也變成一百二十／八十這種標準數值了。

記錄吃的食物，並且進行回顧，原來能夠這麼大幅度地改變「吃」的意識和身體本身。

三十年來的壞朋友：酒

雖然改善飲食習慣帶來了體型「肉眼可見」的變化衝擊很大，但每天更讓我無比興奮的重大事實是另一件事，那就是「不喝酒」。

「欸？什麼？就因為那種事？」覺得沒什麼了不起的人，大概是和酒無緣，或是和酒保持著一種剛好的距離吧。請繼續保持下去。

相反地，如果是對剛剛那句話有反應的人，一定是有戒不掉的飲酒習慣吧。如果不抱持著「不喝酒」的強烈意志，就會理所當然地從冰箱拿出罐裝瓶酒「啵」的一聲打開。那瓶酒作為開胃飲料……不，應該說是開胃酒，於是你（其實是我）接著拿出燒酒、紅酒替換口味潤喉。

成年以後，一路活過來我都很期待飲酒的樂趣，說我每天都繞著酒轉也不為過。我並沒有討厭工作，但如果沒有了下班後的酒，我是否還能如此努力地工作呢？

開始喝酒後，首先會忽然感到放鬆，心情變舒暢，一股無法形容的高漲情緒會到來。即便是心情煩躁到想哭的時候，酒醉後便感覺胸口的鬱悶被消除，心的緊繃也被鬆開了，可以盡情地哭。喝了酒，就能將控制或壓抑情感的塞子拔掉，感到很輕鬆。我是為了追求這件事，才會嚥下那第一口酒。

啤酒、日本酒、紅酒，就連威士忌和烈酒我都喝。二、三十歲的時候，我甚至連下酒菜都不需要。我是為了喝醉才喝酒的，所以反而覺得吃東西很干擾。我不喝到快斷片的程度就感覺不像喝過酒，該怎麼說呢，三十年的飲酒生活中，大概有一整年我都沒有記憶吧（因為不記得，所以想確認也沒辦法……）。

因為喝酒控制不了情感和行為發生的麻煩不勝枚舉。信用、金錢、物品……失去的事物多如牛毛。乘著酒意所做的事，壞的時候會顯得更壞。為了忘記那種懊悔的厭惡感，隔天又再次喝酒麻痺自己，形成惡性循環。

如此身體當然會很辛苦，強烈的口乾舌燥，加上頭痛、噁心及倦怠。嚴重宿醉讓起床很辛苦、晚上也睡不著。

上午幾乎無法工作，只能發出嗚嗚的呻吟、不斷攝取水分，等待不適感退去，到了傍晚才終於能工作。工作延遲的壓力又透過睡前的飲酒來排遣，之後的情況就不用說了。

在這次以私人訓練為契機開始戒酒的好幾年前，我曾經抱持著就算不能完全戒掉、也想要減量的心情戒酒。

這兩、三年來，接連經歷了照護父母，以及與宛如是自己分身的愛貓嘶嘶告別，為了排遣寂寞，我開始「為醉而喝」，酒量也因此變得過多，對此讓我感到了危機感。

每天晚上都要喝光一瓶紅酒，然後就像往壁爐裡不斷加入柴火，幾乎不加水地將便宜的燒酒咕嚕嚕嚥下肚，這樣的喝酒方式怎麼想都覺得不好。雖然我清楚了解這點，但只要一開始喝就會停不下來。我覺得我把不喝到爛醉就睡不著的失眠傾向也當作喝酒的理原因之一。

雖然也有很多能帶來快樂的事，但不順心的事都大概用酒糊弄過去。為了度過那些不順而必須增加飲酒量，不由得感覺自己就像是站在所謂的「酒精成癮症」的懸崖邊。

我曾經在諮詢失眠問題的身心科稍微談過這件事。雖然收到了針對減少飲酒的相關建議，但我被告知我的狀況還不到要冠上病名的狀態，所以也沒有被禁止喝酒，也還不到需要開戒酒錠處方簽的階段，戒酒錠會讓人喝酒後產生不適反應，當時的我很失望。因為那時我在想，要是能從醫生那得到紅牌，反而會比較輕鬆不是嗎？

和我一樣擁有不值得稱讚的飲酒習慣的丈夫，常會因為酒精而讓餐桌上的氣氛變得火爆。能夠量化身體數值是一回事，我也深刻地意識到，自己無論如何都有酒精問題。

雖然我一直以為，只有不喝酒才有可能變好……。

「酒鬼友美子」和「零酒精友美子」

三十年來以酒為人生主軸活過來的我，首先迎來「戒酒帶來的興奮」。三天、四天、一週、兩週……光是「沒有喝酒」這件事，就讓人獲得達成某件大事的成就感，陶醉於「正在戒酒的自己」。挑戰私人訓練的這兩個月，可能是因為想著「只是暫時忍耐一下而已」，才能保持這股狀態。

恰好在當時，這兩個月發生了非常不正常的狀況。開始訓練後不久，丈夫因腳骨折而需要入院動手術（喝醉時發生的意外……）。因此，我突然變成獨居的狀態，私人訓練的時間幾乎一直都只有我一個人住。

有家人一起居住時，飲食內容和吃飯時機都不能照自己的想法隨心所欲，那我要幾點起床、吃些什麼、如何度過一天呢？一切都只為了自己而決定。我能下定決心改變飲食習慣，也是因為有這個背景。

丈夫對我來說，是一起喝酒時間最長的「酒友」。沒有他的生活環境，也算是一個「與壞朋友絕交」的好機會（雖然對受傷而很辛苦的人很抱歉）。

沒想到能突然改變環境的我，以挑戰「不喝酒」的精神，保持在一種在良好的狀況，能不斷聚精會神。對健康的意識大幅提升，並且能夠如願嘗試，我也必須這麼做。

以前的夜晚是渾渾噩噩喝完酒、拖拖拉拉地熬夜；攝取了健康飲食後，現在是欣賞一部電影，丟入喜歡的泡澡球，慢慢地泡澡，趁體身體暖和時，趕快鑽進棉被就寢。

在天亮之前醒來，在靜謐早晨的清澈空氣中讀書，書中的話語深切地到達心房。用清醒的腦袋寫了一個段落的草稿，時間差不多也才十點之類的。天氣好的話就穿上運動鞋輕快地健走，吸入大量乾淨的空氣。

哈——，真舒服。

這不正是「再正確不過的生活」嗎？連我也不覺得自己和以前的「酒鬼友美子」是同一個人。

剛開始戒酒時，我也曾困惑。該如何度過晚上的時間是個難題，不喝酒的晚餐一下子就吃完了，在那之後的夜晚又非常漫長……。

將氣泡水倒入玻璃杯，藉此來蒙混心情，或是嘗試稍微高級的草本茶。最初感到很新鮮，但不論用哪個方法都很快就膩了，找尋似乎能替代酒的東西滿麻煩的。

酒是喝不膩的啊。話說回來，關於「膩」這個感覺，酒精會麻痺這種感覺，而會讓人習慣飲酒。很迅速、但又能獲得相應的滿足感的飲料，就是酒。我再次感到驚嘆，酒真是厲害到恐怖的程度啊。

丈夫的復健過程良好，所以按照計畫出院，我的私人訓練也順利地結束了。兩個月的時間，體重掉了八公斤、體脂肪率降了百分之九（算是滿大的變化）。尤其是背部黏著的兩片肉團感覺像是被剝下來一般輕盈，慢性僵硬的肩膀到手臂，以及肩胛骨周圍上半身的部分也能靈活地活動。我很開心獲得了目標的數值和身體感覺，這都多虧了 Yusuke 老師。

但該怎麼說呢，與成就感和喜悅相反，對於短時間內產生急遽變化的身體，以及與三十年來習慣和行為模式不同的「正確生活的自己」，有一種無法言喻的不協調感。總覺得就像自己不像是自己一樣……。

我對食物的喜好明顯地改變了，本來最愛吃的那類山珍海味下酒菜變得很鹹吃不下肚，只能將它們看作配飯的小菜。

丈夫幫我準備的晚餐開胃菜的煙燻鮭魚也是，如果沒有白酒的話，就只會覺得那只是個鮭魚薄片，明明之前的我那麼喜歡（丈夫也很困惑）。

契合度與酒有關係的不只有食物，耳朵聽到的音樂和映入眼簾的電影也是，體內有酒精和清醒時的感受會不同。

例如，我喝醉時會想看昆汀・塔倫提諾（Quentin Jerome Tarantino）的《黑色終結令》（Jackie Brown），或是文．溫德斯（Wim Wenders）的《樂士浮生錄》（Buena Vista Social Club），雖然已經重播過數十次，但清醒的時候完全無法沈浸到那個世界裡。雖然可以換一部作品看，可是這感覺就像自己毫無疑問「喜歡」的事物卻沒有熱情了，彷彿是強烈的戀慕之心消失一般。

長年親近的「酒鬼友美子」和新的「零酒精友美子」，他們的興趣與嗜好差異到處都有著微小的牽連。

「咦？咦——？」就像這樣，會震撼於感覺與想像的不同。

雖然只是輕微的不協調感，但就像是穿上了尺寸不同的鞋子一樣，感覺有哪裡不對勁。之後就會覺得出問題的不是鞋子，而是自己的腳。

對「不喝酒的自己」感到不協調

雖然是很單純的一件事，但自己人生中灌注最多熱情、時間與金錢的「飲酒」時間沒了，無事可做的感受比想像的還要強烈許多。明明是在做正確的事，但卻感覺好痛苦。

因為我從二十歲時便會一個人去喝酒，所以和常去的酒吧老闆早已變成朋友，加上從學生時代開始，我幾乎沒有什麼不碰酒的朋友。不論是我的回憶、人際關係，或是在酒吧採訪的工作，我的人生和酒有著深刻的關係。

雖然這樣比較可能很失禮（不好意思），但我想這跟現役運動選手要引退的心情一樣吧，重視的事物完全脫離人生的空虛。

一起度過與朋友、丈夫、貓咪相處時間的酒，可以說屬於我人生的一部分，但它同時是個非常糟糕的事物，也是個應該憎恨的存在。每當「零酒精友美子」擺著正經的面孔，將這個事實擺在我眼前時，我總會抱持著負面的情感開始自我懲罰，好痛苦。

以往在這種時候，我都會依賴能原諒自己的苦痛及消愁的酒，但已經沒有這個選項了。失去了轉換心情和排解壓力的方法，我完全不知如何是好，和本來該變得輕鬆的身體相反，總覺得心情漸漸變得沉重。

經歷過復健已經康復了的丈夫，不久便像以前那樣開始喝酒。對酒抱持著討厭情感的我，每晚卻非得看著喝醉酒的人的樣子不可，湧上來的全是荒唐又複雜的情緒。該如何處理想要忘記的討厭回憶和溢出的負面情感呢？我要被撕裂了。

關於這個問題，其實我在開始私人訓練及戒酒後不久，便去精神科診所諮詢。我與了解我和家人飲酒狀況，且具備專業知識的朋友商量，他介紹了我和我之前常去的身心科不同的精神科醫師。

醫生說，為了改變我自己和家人的飲酒習慣，推薦我們加入戒酒會自助團體或家屬支持團體比較好。

在第一次看診進行諮詢後不久，丈夫便骨折住院被強制開始戒酒生活，所以演變成我只需要考慮自己的戒酒問題。

明明有許多快樂的回憶，但在戒酒的我的腦海裡，卻只浮現心底感到厭煩的、與丈夫之間的討厭記憶，讓我覺得一切都是因為酒的緣故。也許是因為我自身尚未和「不喝酒的自己」好好和解吧。苦悶到心情沉重。

不明白那樣的我的心情、看起來很快樂地往玻璃杯裡倒酒的丈夫。唉，他一點也不理解我。果然是因為酒的關係，酒會讓思考停止，引發毫無意義的場面。我感覺被這種無能為力的情況給打垮，心亂如麻。如果會變成這種情況的話，我就不該戒酒的。對於當下的狀況，我覺得自己做了愚蠢的選擇，我只能這麼想了。

就像這樣，不論是婚姻、工作或任何事，我一直以來都搞錯了。從小就是如此了，總是被罵，讓我只覺得人生本身即是一個錯誤。我受夠了。

第三章

某天精神崩潰了

斷絕了伴隨我三十年以上的酒滿三個月的時候，二〇二〇年十二月中旬的某日，我人生第一次心理陷入緊急狀態。

從十一月開始接案的代筆（代替作者構成文章的書寫工作）書籍進入收尾階段，連續好幾天從早到晚花上十個小時不停地書寫約兩千字的草稿，寄出最後一本後，感覺全身的力量連同魂魄出竅了一樣。

那份工作體力上很難熬，心理層面的負擔也非常高。主題是關於「親子的難處」，父母親希望孩子聽話（服從）、小孩不聽父母親的話，即便父母親問小孩「做不到」的理由是什麼，孩子也難以傳達真實的心情。為什麼親子無法好好相處呢？

這個代筆工作要將長時間待在教育現場的作者的話，用具體的小故事傳遞給讀者，本來應該只是簡單的作業，但這個主題我無法單純地將其與工作分開。如同第一章寫的那樣，因為親子的難處也是我自己長年以來的問題。

家長對孩子施加詛咒

在與那本書接觸的時機點，同時我遇見了另一本書。在福岡經營補習班的鳥羽和久所寫的《父母親有時也是孩子》（おやときどきこども）。這本書記述了鳥羽先生與青春期孩子相處的經驗，他感動於孩子「發現自己獨特生活方式時的興奮」，同時也探討了作為阻礙這些孩子發展的存在——「父母」和「大人」的角色。

為什麼親子無法好好相處呢？聽著鳥羽先生的述說，五十歲已經近在眼前的這個年齡，明明早就是個大人了，「自己內心的小孩」卻劇烈作痛。

例如以下這一段文章：

「父母是一種會不時對孩子施加詛咒的存在。有父親會對成績突然變好、很開心的兒子直接斷言：『這麼得意忘形的話，很快就會變差喔』；也有母親會對交到男友而高興害羞的女兒吐出這種貶低的話：『反正他只是玩玩而已啦』。即便不舉這種有點極端的例子，父母親及大人就是會像這樣無意識地給孩子加諸詛咒。」

雖然我的父母都活得很正直，也對育兒有熱忱，完全不是壞人，但可能是出自於對小孩的期待吧，他們常常會對小孩用這種方式說話。

當他們每次打著擔心的名義潑我冷水時，我無法接受作為「正確存在」的父母說的話，這讓我覺得自己不夠坦率，同時又因頂撞擔心自己的父母而感到罪惡感。我將難以消化的各種事，當作是無法言喻的疙瘩，懷抱著疙瘩長大成人，已經過了長久的歲月。

這種疙瘩平常不會意識到，已經成為自身的一部分，雖然不到變成情結的程度，但它仍是我不想去關注的討厭部分。

憂鬱有時會以自卑的形式出現，對自己感到羞恥。即便掩蓋住也無法當作沒發生，因為那也是不折不扣的自己。

鳥羽先生的話語中，我最受衝擊、同時也受到救贖的那段話是：「父母親及大人就是會像這樣無意識地給孩子加諸詛咒。」這段講述的是，父母的結構就是不會發現自己在詛咒，是為孩子好才會「這麼做」。

到那時候為止，我一直覺得自己難以接受父親長俊和母親美惠子的一部分人性。但按照鳥羽先生的敘述，如果站在「作為父母的人」這邊的立場重新看待，也許那是無可奈何的事。我第一次能像這樣保持一段距離來注視這件事。感覺像是很大、很大塊的疙瘩，突然縮小了。

此外，讀著這本書，我還注意到了這件事。

「擔心」也是父母親的「不安」，小孩不會將「愛」與「不安」分開，而是會從父母那同時接受到以愛為名的不安。唉……，因此無論接不接受，都會感覺到不自在和不耐煩也說不定，真令人難過。

我很快地就認同這點，以前思考父母和自己的事時腦袋裡總是很糾結、已經放棄解開的緊緊的結，現在看起來彷彿分解成了一根一根的線。

同時，我也感覺像是腹部被毆了一拳一樣強烈疼痛，因為我發現我討厭的那種參雜「愛與不安」的做法，自己早已變成這樣，尤其是對親近的人，像是現在對丈夫那樣。

自從和丈夫一起生活後，偶而會出現的爭吵，大多是因為我微不足道的一句話而爆發：「這裡最好不要放東西喔」、「最好別吃那麼多喔」、「該睡了不是嗎」。現在想想，那種說話方式與我父母、尤其是母親，完全一模一樣。

當丈夫激動地說「別把你的想法強加在我身上」時，我就會內心煩躁地覺得「明明是好心說這些，為什麼這個人要用這種質疑的方式看待呢？」對丈夫的不理解所產生的不滿，漸漸累積在心底，覺得全是丈夫的錯。

然而該怎麼說呢？我不由得覺得，自己的夫妻關係完全符合那種類似親子間容易產生的支配結構。

雖然嘴上說是「出於好意」，但客觀地看這件事並重新審視的話，會發現大部分的狀況說到底不都只是「對自己有利」嗎？我還想到另一件事，我覺得「出於好意」其實沒有深層的意涵，多半是憑藉我當下的心情決定的。於是讓我不禁想到，那種心情幾乎全是出自於某種「不安」。唉……。

因為情緒多變的母親會不按預想地產生情感波動，成長過程中我時常豎著自我防衛的天線而感到疲憊，話講重一點，我從童年時期便覺得憤怒了，父母隨心所欲、不講理又會控制人，被控制的那方會遭到玩弄，有時甚至會受到傷害。

我不想成為傷害他人的那個人，這種反抗的心情非常強烈。

然而我不正是用和父母親完全相同的做法，在對待現在身為家人的丈夫嗎？發現這件事時，我驚懼背脊發涼。

我沒有那個意思，我是出自好意……。雖然想為自己找藉口，聽著自己訴說對父母的感受：「雖然沒有那個意思，但聽者如果感覺到的話，就算是有」。我完全無法反駁。

以偽裝成愛與擔心的詛咒來控制他人，我正無意識地對某人施加詛咒。我從根本上就錯了，並沒有人指出我的錯誤，而是我自己清楚了解到這個錯誤。過去我是受到詛咒的人，現在我感覺像是初次「看見」自己對他人施加的詛咒。

思考失控的「狂躁」狀態

那是十二月十二日剛過中午時候的事了。

一直籠罩在頭部周遭、宛如霧一樣的東西突然散去了，頭蓋骨內側變得明亮閃耀的感覺襲來，就像是在昏暗的房間裡點上了瓦數高的電燈泡。

我有點嚇到，這是什麼情況？

是因為最近苦思著親子問題的我，靠自己解開了強大的詛咒嗎？一定是這樣沒錯，看來完全是好事發生了。

同時我忽然想到，說不定還有我沒意識到的詛咒存在。現在不正能發現被我忽略掉的那些事嗎？

我感覺像是被強烈的燈光照射，每個角落都清晰可見，我不斷往自己腦袋的深處窺看，挖掘出每一個注意到的小事，開始重複自問自答。在那當下即便不去看，事情不是也會接連著鮮明地浮現嗎？

接著便會感受到全能感，感覺變得非常聰明，自己什麼都「了解」，其中也帶有某種類似快感的感受，了解的感覺真舒服。不，但是這種事情不可能發生，自己也清楚並否定了這件事，但思考卻停不下來，變得無法放下要去了解這件事。

打從出生以來第一次有這種感覺，與思考陰暗沉重的事物而感覺憂鬱完全相反，是一下子明亮起來的思緒在運轉的感覺。

然而，無論怎麼轉，範圍只會在「預料之中」不會擴大，「封閉的思考」沒有去處，空虛又輕。感覺就這個事實都「看見」了，膚淺的自己痛得受不了，真痛苦，然而不管如何問自己，卻無法停止給出答案。

無法停止思考非常非常痛苦，感覺像是我快瘋掉一樣的恐怖，我發覺這明顯是「異常情況」。

這不正是所謂的「狂躁」狀態嗎？

我想到以前在念社工師考試時，讀到的精神障礙入門書籍中所寫的內容，理解到自己現在的狀態很危險。我的腦袋就像是發出異常風扇聲、過熱的電腦，終於斷電了一般。

該如何停止快速轉動的思考呢？我完全不知道。如果是電腦的話，只要把外接硬碟取出，就能強制結束，但人類不能把腦袋取下丟棄，好痛苦。

我突然想到了，如果從高樓跳下，讓身體完全停止運作，也許就不用再繼續思考下去了。這樣啊，身體死掉的話腦袋就不用再思考了，真好啊，可以強制結束，那樣該有多輕鬆啊……。

想死是為了變得輕鬆的選擇嗎？原來如此！我驚訝於自己竟然能夠了解這件事，真厲害，我想死，我想變得輕鬆，空轉的腦袋中不斷思考著這些事，這時候的自己可怕得不得了。

因為很痛苦，所以想找到希望，想要變得輕鬆，人們才會渴望死亡，那時候的感覺我到現在都還記憶猶新。

我變得無法控制，這時丈夫在我隔壁的房間，我聽到類似杯子敲到桌子發出「叩」的一聲這樣日常的聲音，所有緊急的狀況都只是在我的腦海中發生，而丈夫沒有察覺到我的狀態，就是這一點勉強將我拉回了現實。

我失控的思考像是在全程馬拉松中奔跑一樣，雖然無法阻止，但我拚命地尋找看看有沒有像是沿途遞出的水和香蕉一樣的外界援助。以極快的速度流動的思考片段中，定期去看的精神科醫生的臉若隱若現。對啊，有醫生在。他不正是那個再合適不過的專家？能夠應對現在腦袋像是被拋之在後的我。

我的主治醫師的專長應該也包括思覺失調症。雖然找到了救命之神讓我快喜極而泣，但我想到那天是星期六，上午的看診應該已經結束了。唉，已經來不及了，不行了。

如果只是單純想去醫院，也有叫救護車這個辦法，但我不是身體受傷，外表看起來毫無異常，我沒有自信他人能理解我的緊急，別人一定會覺得我腦袋有問題吧。沒錯，明明腦袋的問題這麼嚴重。唉，多麼困難啊。

我的腦子已經到極限了，我已經一點都想不到其他別人能幫助我的方法。

阻止了我一本回憶錄

我決定賭上那唯一的方法。

星期一上午的看診從十點開始接受掛號，到那時候大約四十個小時，先熬過這段時間再找醫生幫忙。因為我現在有點不正常，即便是騙自己也好，我必須得什麼都不想。吃了安眠藥的話，一定程度上能睡著，那除此之外醒著的時間該怎麼渡過呢？

我正在思索的時候，視線對上了三十多歲的女歷史學家泰拉．維斯托（Tara Westover）所撰寫的《垃圾場長大的自學人生》（EDUCATED），那是一本長達五百頁的回憶錄，本來打算代筆截稿後來閱讀的。

對了，書籍能讓人忘卻自我，如果能沈浸地閱讀這本書，就能讓我擱置思考，從小對我來說就是個有效的方法。

《垃圾場長大的自學人生》是由我的工作夥伴村井理子翻譯的，雖然讀起來很痛苦難熬，但它是一本值得一讀、敘事強烈的書，數天前我也從一口氣把它讀完的牟田都子那聽到這個評價。

既然是兩位信賴度高的資深讀者都「受到吸引」的書……，我抱著想依靠的心情，掀開封面拚命逐字逐行地看泰拉的論述。我決定只看眼睛水晶體的焦點所聚集的那一個文字，我竭盡自己史上最高的專注力，豁出性命地開始閱讀

《垃圾場長大的自學人生》。

從結論來說，我的腦袋貪婪地讀了那本書。掀開封面後立即被吸引住，那天晚上除了吃晚餐之外，我的目光沒有離開過那本書。

雖然那是發生在遙遠的美國愛達荷州的事，但那是有關親子的故事。父親是一名不依賴政府、醫院和公立學校的生存主義者，也是狂熱的摩門教基本教義派信徒。這本書是由一位倖存者描寫了自己拚命從控制欲強的父母所在的環境當中解放自己的過程，是一場淒慘的自我敘事。

雖然泰拉身心靈都受到劇烈的創傷，但她仍然不放棄、不斷重新振作，感覺她的聲音彷彿直接觸碰到我的靈魂。光是一段接著一段讀著故事片段，就快讓我無法呼吸、沒有一點思考的間隙，她的聲音強烈而直率地傳達過來。我幾乎瞪大著雙眼，呆愣地張開嘴巴，只是傾聽著她的聲音。

回過神來已經過了十二點，眼睛乾巴巴的，肩膀也很僵硬。闔上書本，吃下安眠藥後倒頭就睡，然後像往常一樣受惡夢纏身而中途醒來，斷斷續續地睡覺，早早就睜開眼，吃完早餐後再繼續讀下去。

她同時迎來希望與絕望的心痛，讓我的胸口感到一陣灼熱，即便如此她還是沒有放棄，試圖一點一點奪回自由的顫動，解放了我的一部分，讓我流下眼淚。我把自己投射在她來來回回動搖的心情上，因此又掉了眼淚。除了吃丈夫做的中飯和晚餐之外，我就是一個勁兒的讀下去，像是被不放棄的泰拉牽著走一般，讀完最後一頁時，天色又暗了下來。

心情就像是從一座深不可測的森林中生還一樣。

我再次吃藥並躲進棉被中，那晚一次都沒有中途醒來，也沒有做任何夢，起來時已經過了八小時。我已經有多少年沒有像這樣長時間一覺到底了啊。

明明睡得很飽，但頭卻強烈地陣痛著。我和丈夫說這件事，他只是隨便回了句：「讀了太多書的關係吧」。

本來如此高速運轉的腦袋，突然像是什麼事都沒發生一樣地安靜、或者應該說是慢吞吞地活動著，總覺得突然感到疲憊。我再次和丈夫說這件事，他回我說：「睡太多的關係吧」。

《垃圾場長大的自學人生》描寫被父母精神控制的泰拉，發現了「本來以為的自己其實不是自己」的過程，我讀了這本書最大的發現是，與被父母洗腦的泰拉一樣，我也「不了解自己」。

從小時候開始便被父母責罵、不斷被灌輸的事物。在不知不覺中，曾經毫不懷疑地認為，貼在自己身上的東西就是「自己」。我變成了對父母和大人的反抗心態強烈、性格難搞、愛唱反調、狡猾又愛耍小聰明的人。雖然我自己也深信不疑，但這真的是「我」嗎？不是因為被灌輸，而是在不知不覺中，自己也變得堅信這就是我嗎？

我不知道泰拉的敘事如何幫助了我，我也不知道自己到底是如何得救的。我感覺自己的彆扭被指出來，泰拉與我分享了讓我根基搖擺不定的原因：「無能為力」，並讓我感覺放下了思考。

接觸到了壓倒性力量，讓我像是放下了自己，最終幫助我從最痛苦的地方逃出的是泰拉．維斯托的《垃圾場長大的自學人生》。

那個星期一早晨，勉強趕上上午看診的掛號時間，溜進精神科，我向主治醫師說明從星期六開始發生的事：「我無法控制自己，在腦海裡不斷自言自語。」聽完我的說明後，醫生以我至今沒見過的認真的表情謹慎地揀選話語，他看著我的眼睛說：「這是輕微狂躁的狀態喔，但是已經沒事了，你沒有傷害自己和別人。」

與醫生交談時，我感覺到自己處於一個、與那個異常狀態完全不同的情況中。雖然痛苦得想死但卻沒死成，覺得要瘋掉，但我好像都逃過一劫了，總之我保住性命了。

盡可能不要思索，好好睡覺吧。醫生稍微把安眠藥的劑量調高後，我就回家了。處於繃緊狀態的神經鬆懈下來，感覺像是快癱軟一般，力氣都消失了。頭腦總覺得輕飄飄的、腦袋空空，彷彿自己不是自己一般，一種難以言喻的焦急將我包裹住了。

浮現大震災和照護母親時的回憶

自從那天以來，不論是心情或是身體上的感受，一直感覺自己搖搖晃晃的。二〇二〇年時發生了大規模流行的疫情，因為不只是我，每一個人都迎來了疲倦不堪的臘月，所以即使我的狀況變得不佳，也幾乎沒有人因此感到震驚。畢竟那是一個只會見到丈夫、也沒有忘年會的寂靜臘月。

過去也經歷過心理疾病的丈夫察覺到我身體沉重不已、爬不起來的日子增加，少話、也沒有情感的起伏，明顯身心靈狀況不穩，丈夫什麼話都沒說地去買菜來料理，甚至連準備食物和洗衣服都做了，變成了我只要活著就好的狀況。

這一年間發生很多事，春天時丈夫因心臟病入院、初夏時照護愛貓嘶嘶、秋天時丈夫因受傷再次入院。這樣理所當然會感到疲倦，心理上會被擊倒，我自己是這樣理解的，年末年初就這樣悄悄地如憋住呼吸般度過，接著二〇二一年便到來了。

那一年的二月，因為我即將迎來五十歲，所以雖然我平常完全不會做這種事，但這次當作給自己的獎勵，我報名了線上講座來紀念生日。這是人類學家磯野真穗主講的五次系列講座，主題是「與他人互動」，他因與哲學家宮野真生子的往來書信集《突然變得不適》的啟發而開啟講座。

然而，自從十二月我發生了異常情況後，我變得無法長時間看電腦或手機的液晶螢幕。感覺自己搖搖晃晃，只要看著螢幕就會頭昏眼花。一滑手機就可能像是暈車一般地嘔吐，我很害怕，所以只在必要的最短時間內戰戰兢兢地竭盡全力看螢幕。我幾乎無法進行講座。其實不僅如此，我還請人調整了工作，讓我可以靈活地處理，因為我做一會便得休息一會，所以只完成了比最低限度還少的工作量。雖然我也可以完全放手，但感覺這樣反而會以負面的方式刺激我心中的焦慮，所以我不想完全不做事，還是想做點什麼。

雖然已經不會狂躁般地思考空轉，但陰暗沉重的心情和身體感覺仍讓我無法動彈。身心靈都如此沉重的新年，電視新聞播報了很多傳染症的報導。在我居住的神戶中，有一間作為接受傳染病患者的地區核心綜合醫院，常常出現在報導上。醫院位在名為港灣人工島的人造島嶼上，旁邊就是我剛畢業就入職的成衣製造商的總公司。

想到一九九五年發生大地震時，我踩著倒塌的住家瓦礫堆，從自家通勤去上班，這已經是超過二十五年前的事了。雖然每年一月到來時都會想起這件事，但已經變成了久遠的回憶了。然而，唯獨在那個時候，我才開始非常真實地回想起震災的事情。

見到因土壤液化而變得坑坑洞洞、往下凹陷的路面，充滿回憶的街道倒塌得慘絕人寰的衝擊，因火災而聯絡不上的友人……為什麼偏偏是神戶？內心充滿悔恨悲傷卻又無能為力的無力感。二十五歲時，對於自己的日常生活被奪走所感到的那種懊悔，宛如是剛剛才發生一樣鮮明地湧上心頭。只要看到震災相關的影像，就感覺心如刀割般湧出淚水，不禁哽咽。

隨著一月十七日前後的紀念報導增加，我回到了二十六年前以淚洗面度過的一月中旬。

冷靜下來以後，發現二月近在眼前。

正在是在四年前的一月下旬，我定期會到港灣人工島上的醫院。這家作為收治傳染病患者而上新聞的醫院，也是我母親最後住的醫院。

每當看見醫院的影像，胸口便感到刺痛，當時照護母親的回憶也會開始浮現心頭：母親入院第一天進到病房放行李時我所看到的景象、母親的病情劇變，聽到宣判剩餘時間時醫生的臉、與母親一起喝醫院裡的塔利咖啡時的瑣碎互動、與兄弟及家人間的苦澀對話、母親傳來的一篇篇郵件。我無法停止地挖掘深埋在心底深處的當時記憶，一一重溫四年前的那天、那個瞬間所發生的事、看到的景象與感受。

至今為止的人生中感覺最殘酷的那段時間，我一點都沒有遺忘。清清楚楚地回憶浮現出母親痛苦的面容，以及悲痛的聲音，我被與當時一樣的無能為力感擊垮，對於死亡逼近母親的恐懼，讓我的心臟撲通撲通地跳出聲，彷彿全身要被撕裂一般。

二月一日，母親生命終結那天，在她停止呼吸後，我感覺到無比的安心，因為母親不用再痛苦，終於可以安穩地睡去了。

我鬆了一口氣，我對自己產生一種悲痛的心情，我讓媽媽死了兩次，我感覺自己被比母親過世之後還更強烈的悲傷囚禁。小時候沒為她做的事、從想活下去的母親那奪走的事物。對那樣的母親，我心中只湧現出後悔。

這是恐慌症？還是焦慮症？

幾天後，二月份時我去看了每月定期去一次的精神科發生了一件事。

「醫生，一月的時候因為照顧母親，讓我覺得好痛苦」我小聲地窸窸窣窣傾訴著。

「令堂過世了嗎？那真的很難熬呢。這是什麼時候的事？」

「四年前的事。」

「什麼？四年前？意思是你回想起這件事嗎？」

看到新聞報導後，不知為何數年前的經驗便鮮明地浮現出來。關於神戶大震災的事，當時的回憶事到如今也莫名其妙地一個個湧上心頭，我和醫生說明的過程中，從我口中還講出了其他事。

「對於照顧母親我還留有遺憾，但嘶嘶……啊，牠是一隻貓，一起生活超過十三年，我沒有遺憾地完成照護貓咪的工作，那是大約半年前的事。雖然看著衰弱的貓會讓我想到母親臨終時的樣子而感到痛苦，但我做到了當時對母親沒能做到的事，所以我反而對於母親的事更加難以釋懷……嗯，但是母親終於能長眠，我覺得已經沒關係了。」

「你是說你自己已經沒關係了嗎？」

「不是，我是說我母親已經沒關係了。」

「令堂已經不在了，所以應該不會再感到痛苦了。」

「雖然自己已經死掉了，但女兒還在為這種事哭泣，她應該會覺得丟臉，也可能會擔心我吧。」

「但是令堂已經過世了吧。」

「對，已經不在了。」

「不在世上了但還是會擔心嗎？」

「她應該做不到，對吧。啊——？但我覺得她在擔心我，這樣很奇怪吧？有這種女兒很丟臉。」

醫生盯著我的臉看並確認我的睡眠狀況：「睡得著嗎？」看著點頭的我，他似乎稍微安心了。

「對了，醫生，我總覺得自己一直搖搖晃晃的，從十二月開始就感覺自己好像在搖晃。我本來以為只是心理作用，所以沒有理會，但有一種難以言喻、如同頭暈一般飄在空中的感覺。就像一直在坐飛機一樣，感覺輕飄飄、搖搖晃晃。」

「會心悸嗎？」

「非常嚴重，一月時因為母親的事，感覺胸口周邊刺痛著，像是要被撕裂一般，而且心臟突然砰砰砰地激烈跳動，很可怕。不過血壓正常，心跳次數也只有一百下左右，幾分鐘後就好了。」

「會喘不過氣嗎？」

「啊，有時候我會突然不知道怎麼呼吸！還以為自己要死了，但很快又會恢復。」

「這有可能是恐慌症發作喔。」

「什麼?!」我感到很驚訝，因為我覺得不可能發生。

「醫生，我的丈夫恐慌症發作時，曾經昏倒被救護車送走。我完全沒有發生過這種事喔。」

其實我的主治醫生，也是丈夫原本的主治醫生。大約十五年前，丈夫經歷了輕微憂鬱及恐慌症，當時伸出援手的也是這位T醫生。

因為說明起來有點冗長，我如果按照時間順序來寫的話會像這樣：

過去丈夫因身心出狀況而困擾時，我的酒友、同時也和丈夫關係親近的精神科醫師介紹了他的一位開業醫師前輩，那個人就是T醫生。

丈夫現在精神和食慾都很旺盛，還因為生活習慣造成的心臟病而住院，飲酒量也令人擔心，我們夫妻之間經常因酒而起爭執，這有點讓人感到煩心。這些事也讓我自己變得不安，於是我再次向身為精神科醫生的友人開口，尋求該如何做的建議，這時候他再次向我推薦了T醫生。

對我而言，即便沒有再說明一次丈夫的事，醫生也能夠理解，這讓我感到安心。

回到正題，因為當丈夫恐慌症發作時，會突然昏倒，所以我難以相信，自己只是心臟有點砰砰跳，怎麼會有恐慌症呢？

根據醫生的說法，我現在的狀態確實屬於輕症，但不知道何時會突然發作失去意識。真的假的，太恐怖了。本來就已經有很多令人焦慮的事了，現在還加上可能會昏倒的焦慮。我向醫生抱怨：「我滿是焦慮，我覺得自己太麻煩了，令人煩躁。」

「會感到焦慮嗎？」

「我每天幾乎都感到焦慮，但大家應該也都會感到焦慮吧？」

「對吧。那種焦慮會怎麼表現出來呢？你沒有自尋焦慮吧？像是你自己製造出焦慮的感覺，那樣太累了啊。」

「超級累的！」

「明明很累，但自己還是會特意製造焦慮，那就是焦慮症喔。因為身體也會出現反應，所以看起來會非常疲憊吧。要不要試著吃點藥呢？」

「雖然藥有點讓人害怕，但如果試了覺得不合適，不吃也可以嗎？」

「嗯，沒問題，不舒服就不吃。先試試看效果弱一點的藥吧。如果能夠停止產生漂浮感或心悸之類的，會比較輕鬆吧？」

「如果那些問題能消失，真的會變得輕鬆，我願意試試！」

焦慮症好像是一種會自己創造出「沒來由的焦慮」，再由此產生新的「焦慮」的疾病。比什麼都難受的是無法擺脫「焦慮的循環」這種思維的束縛，這個束縛是由我自己創造出來的。為什麼？為什麼？因為只要思考就會感到焦慮，所以我馬上就吃了處方藥，那種輕飄飄的漂浮感有好轉了。也許只是錯覺，但我很開心，感覺就像是在快要被焦慮掩埋的我，心裡突然點了一盞小燈一樣，讓我快要哭出來。

如果這盞燈能變大，或許我就能從這莫名奇妙的痛苦中逃出。我好想緊緊抱住胸口那裡點著的微弱燈光，我要珍惜它。

接著迎來了五十歲的生日，明明應該感覺到了一個人生階段才對，但我卻只抱著「自己出生到底有什麼意義」這種負面情緒。都已經五十歲了，還是像中學生一樣糾結「自我」，真是丟臉又極其難堪。我感覺在「自己」內心深處，有一個太陽不會出現、陰暗且冰凍的世界蔓延開來，也許我已經墜入了昏暗又停滯的黑暗面裡。藥效讓這顆還是會不停思考為什麼的腦袋稍微放空了一下。

第四章

微小的第一步

回首過去，雖然那些日子自己的心傷痕累累、狀態很差，但其實身體累到無法從被窩中爬起來、昏昏沈沈臥床的日子不過只有幾天而已。

聽說鋼琴家只要一天不練習，手指就會變得不靈活，我也只是臥床兩、三天而已，卻明顯感覺到身體狀態改變了，動作也變得遲鈍。

就在那時，那種漂浮感再次籠罩了我。嚴重的時候會雙腿發軟，感覺不抓著扶手就要倒下的程度，甚至會感覺像是暈船一樣想吐（雖說我平常幾乎不會因為搭乘交通工具而頭暈）。

即便是坐在餐桌的椅子上準備吃飯，我光是看到筷子的尖端，就會感覺人在搖晃，頭暈目眩。根本無法品嚐，光是要把食物放入嘴裡就已經喘得上氣不接下氣，非常拚命。所有事情都是這種感覺，做任何事都要花很長時間，我會問這樣的自己到底「為什麼？」並陷入低潮，心情變得更加沮喪，然後再次無法動彈，形成了無限的循環……。

地面搖搖晃晃的很恐怖，所以我盡量不讓腳離開地板，靜靜地用滑的行走。「害怕」的感覺和情緒很像，總是會主動冒出來，要如何才能從「恐懼」中被釋放呢？我怎麼想都還是不明白。

現在的我會對那時候的自己說些什麼呢？老實說到現在我也還是不知道，倒不如說，我覺得我只能默默待在身邊守護著。

身體想要活動

這種搖晃的感覺是來自身體的不適？還是心理上的不適？這個感覺真實存在嗎？還是是錯覺？

雖然很多事我都不明白，但有件事我很確定。即便因為害怕搖晃而把自己裹在棉被裡，但我既無法入睡，也無法消除疲勞讓身體感到輕鬆。

躺著不僅無法解決問題，無所事事的腦袋又會接連產生負面的想像，讓心情變得憂鬱，並且充滿著「這到底是怎麼回事？」的悔恨而感到生氣。

光是睡覺也解決不了問題啊！像是反過來對自己生氣一樣，我試著撥開棉被起床，總覺得這樣似乎好了一些，看來身體好像也不想睡覺。

雖然只是幾天的時間，但正因為什麼都不做地躺著讓身體休息，頭腦才稍微平靜下來，也許是聽見了身體的聲音。

我們擁有心靈和身體，而且身體比較聰明。雖然我現在沒有繼續去上課，這是從我學習合氣道的內田樹老師那裡學到的，還有比起用腦袋思考，要先動身體。

確實在腦袋非常混亂的狀況下，無法好好思考。我反芻著老師的話，試著傾聽身體的聲音，發現我的身體好像想要活動。

然而，連直挺挺站著都做不到的這副身軀，還能做得到些什麼呢？

雖然漂浮感排除不了，但只有腳踏車能讓我不在意搖晃地騎乘。走路時會感覺上下搖晃不舒服，但可能因為腳踏車在移動時，車體與身體都會搖晃的關係，所以我反而不會在意搖晃。

因此即便是很短的距離，我也會騎腳踏車移動，但也許是因為心不在焉，沒注意到道路上的凹陷和突起，我常常摔跤，讓腳踏車撞到路面。有一次不論怎麼踩踏板都無法直線前進，腳踏車店檢查了以後嚇到說：「龍頭非常歪，這麼歪，你都不覺得像暈車一樣嗎？」

在一般情況下，這種狀況應該會讓人暈車才對，但我卻完全沒有察覺，我越來越不相信自己的感覺了。反過來說，自己一直以為是錯覺而快要放棄的那種搖晃感，說不定真的是有原因的，我的腦中突然浮現了希望的光。

去醫院也算是一種「行動」

四年前，在照護母親半年後，我開始發生每隔兩小時就醒來的睡覺中斷問題，一開始我去看婦產科，因為當時偶爾會發生頭昏眼花的眩暈，這種暈眩與失眠是更年期常見的症狀。

我在網路找了一家婦產科診所，挑選的決定因素是那家診所有女中醫師。無論有沒有出現所謂的更年期症狀，我確實處於更年期當中。我曾想過，在這停經前後大約十年的更年期期間，如果能用中藥來溫和地調理身體，應該會很好。

雖然四年前的血液檢查結果顯示，我距離更年期還早，但檢查出了卵巢裡有囊腫，從那之後，我一年會抽一次血進行追蹤觀察，也會測量賀爾蒙數值。醫院裡的病例是我身體數據的積累與紀錄。能根據過去四年累積下來的數據來了解現在的狀況，這讓我感到安心。

在色調柔和統一、氛圍明亮的婦產科診所內，我向女主治醫生諮詢了最近出現的漂浮感，她建議我以防萬一要做血液檢查。不過看了結果後，雌激素的數值仍然沒有極端到會產生更年期典型症狀。

「話說……」醫生一邊滑著電子病歷，一邊擔憂地盯著我的臉說：「你之前好像也有頭暈和失眠的問題，從那之後睡眠狀況還好嗎？」

我跟她說，現在我在吃一家值得信賴的精神科診所開的安眠藥，其實我也含糊地透露：「這是這幾個月的事情，我因為焦慮症，所以也拿了抗焦慮的藥。」

「嗯嗯。」這樣回應我的醫生像是要鼓勵我一般，告訴了我：「很多心因性的症狀和更年期症狀相似，有時候心因性的壓力也會造成更年期的症狀變得更加強烈喔。還有，頭暈的原因有很多種，也有可能是重大疾病所造成。從數值上來看，身體似乎沒有大問題，我覺得在那邊（精神科）好好治療就很好了。」

長期來往的醫院對我來說，是一個能讓信任的專家傾聽我的話，並且給予某種意見的地方。不是我的妄想或想像，而是能聽見確切的回應，對於快被焦慮壓垮的我來說，這是一個貴重的機會。

從血液檢查的結果來看，似乎沒有什麼嚴重的病，身體比想像中還要健康（雖然和感覺到的不同），這也成為了讓我稍微放心的因素。

雖然遠遠說不上是有幹勁，但「去醫院」成為了我的目的，讓我自己能動起來。如果來醫院的人都和我一樣沒精神，這對我脆弱的心也顯得溫柔，因此我決定去看看其他我在意的科診。

說到頭痛會單純地聯想到梅尼爾氏症，所以我懷疑是三半規管異常，於是首先去看了耳鼻喉科。然而，似乎不是這個問題。接著因為感覺眼睛的焦點模糊，所以預約了具備高度醫療設備的眼科的精密檢查。得到的診斷結果顯示雖然因為年紀大了而產生變化，但沒有特別重大的異常。這樣啊……。不過，那家眼科的院長從以前就是我的酒友，也是年齡相仿的女性。「我們都老了呢」、

「要互相照顧喔」久違地與她聊天讓我很高興。

我決定換掉眼鏡，除了原本就有的高度近視，我還開始有老花眼、看不清楚的問題，但我之前卻置之不理。因為是從年輕時就常光顧的眼鏡店，所以在與店家聊到頭暈的事時，店家推薦了我能稍微提振心情的款式。

看我這樣描寫，可能會覺得我反而很活潑、四處活動，但事實上並非如此。

身體無法活動的日子不只心情提不起勁，身體也絕望地沉重，去醫院的難度極高，身體沒有力氣從床上起來。頭昏眼花時，我逮住感覺頭暈稍微好轉的瞬間打開電腦，進入醫院網站的預約畫面填寫，然後再鬆了一口氣地一屁股坐下。我也經常重複這個動作：因為當天很疲憊，即便提前預約好了但還是取消（我很抱歉）。在這樣無法完全按計畫進行的日子裡，我就像欺騙自己一般將自己拉進醫院，結果去醫院的那一天就耗盡了所有力氣，一天就這樣結束了，而其他的日子大概就是手機計步器顯示一百五十四步的程度。

雖然既不知道頭暈的原因，也找不到具體的解決方法，但像這樣活動，能讓我停止思考自身相關的事，這讓我很欣慰。

自己的行動是好是壞？我的思維習慣像這樣一一評判，雖然會讓情緒受到影響，但好歹在活動的時候，對身體也沒什麼不好。

對我來說，慢慢增加那些「沒什麼不好」的東西似乎是我能做的為數不多的事情之一。同時，我也盡全力專心致志做這件事：「不去做某些事」。

放棄家事的難題

在不斷跑醫院的期間，當然也收到過類似這種委婉感覺的建言：「青山小姐，看起來滿累的，稍微休息一下也許比較好。」

那時，丈夫身為經歷過心理不適的前輩，看著我各方面都漸趨不穩定的樣子，他對我說：「不要勉強自己比較好」，並且掛念著我的生活的一切。採買東西、準備料理、洗衣服、丟垃圾和簡單的打掃等等，基本上丈夫都包辦了。我只要做我做得到的事就好，於是變成了我幾乎什麼都做不了的感覺。

這在我家來說是個極大的改變。雖然丈夫喜歡料理，以前也會在想做菜時去買菜，但其他家事如果沒到自己在意的程度，他幾乎就不會碰。以前在忙碌的時候，拜託他把衣服收進來，他卻反問我該如何做，讓我感到很無言。你說不知道怎麼把濕衣服晾乾或許還有可能，但怎麼可能會不知道怎麼收衣服？只需要將洗衣夾拿掉，再把衣服放到房間裡的某處而已。我想對他而言，家事不是「自己要做的事」。

像許多家庭中有生於昭和時代的女性一樣，我理所當然地負責整理家庭的雜事，例如打掃、洗衣和補充日用品等等。因為從小時候就被告知這是女生要做的事，因此我幾乎無意識地認清了「事情就是如此」。

但如今這樣的我和「丈夫」這個家人之間關係，以及所居住的家這個「場域」產生了劇變。同時，我自己也在改變，我真的發自內心想改變自己。

例如，當房間不如自己想像的那樣整潔時，也不要去介意，放下那些過去對自己要求該做的小事，不，應該說要努力試著放下，這是一個相當困難的課題。

雖然我打從心底不想做家事，丈夫也說我不做也可以，但對於什麼都不做的自己，我卻冷靜不下來。

從廚房傳來丈夫在煮飯的聲音，讓我感覺像是受到責備一樣，我扭曲的想法越來越多，我認為丈夫看到吃完飯以後不洗碗筷、只是坐著的我可能會生氣，這讓我感到憤怒，我明明這麼痛苦，為什麼還要責備我（其實他一句責備的話都沒說）。

氾濫的被害妄想讓我感到煩躁，這麼坐立不安的話，乾脆自己去洗碗。我打從心底不想做，但又覺得做了心情會輕鬆點，我一邊被這兩種心情撕扯著，一邊用海綿洗著碗，對於忍耐著做不想做的事的自己，還有就連這種事都做不到的自己，我悔恨得淚流不止。

丈夫被邊哭邊用水沖掉泡泡的我嚇了一大跳，他要我別做了，並強迫我和他換手，這個舉動讓我按下了負面情緒的開關，我莫名其妙地發火：「就讓我做我想做的事吧」。像這樣發火的自己感到歉意和丟臉，我果然還是不懂自己，我不懂我想做的事，以及我真實的心情，只知道意氣用事的我很愚蠢。我會想責備自己，把事情搞得這麼複雜，果然還是自己的錯。

這種時候為了不要陷入自虐的循環中，我會想辦法制止自己，努力讓自己的心進入「空無一物」的狀態。例如，盯著流動的水看或撫摸貓咪等等，拚命地注意放空自己的意識。

放棄家事的難度相當高，讓我感到自己被灌輸的觀念竟然如此根深蒂固，這種觀念堅固到讓人挫敗的程度，這不是一件簡單的事。

即便如此，我還是能選擇「不做」，那是因為身體疲憊到「做不了」，身體讓我放棄做家事。如果我有精神且「能做到」的話，那我應該會繼續堅信那些是「該做的事」，現在也是如此。

此外，之前我不喜歡丈夫打掃的方式，我會以自己的標準挑剔他：「這裡的髒污沒有清掉」之類的，但我原本就只留意自己眼前看見的地方。說實在的，一點髒污而已有什麼問題嗎？如果灰塵沒有到會致病的程度，不用那麼拚命也可以啊，為什麼我要那麼拚命呢？……我又會開始自責。

在我的心情亂七八糟的時候，丈夫對我沒有要求、也不深究，始終全力支持我，我真的覺得這是非常幸運的事，雖然只要想到這個幸運是源自他自己過去狀況不佳的經驗，就讓我感到心情複雜，而且當時丈夫才剛從心臟病和受傷中痊癒，一定也非常辛苦吧。但是，我絲毫沒有餘裕設想這些事……。

話說回來，某種意義上到這種程度，即便環境已經整理得很好，但「不做家務＝什麼都沒做」的想法讓我感到愧疚和充滿歉意，無法輕易停止自虐的思考循環。雖然丈夫說不用在意，但我還是會在意，這就是「心理疾病」，真的太難了。

能「保留」的工作

能夠開始一點一點地放下最初認為是大難題的家事，這或許是一件好事。我還決定重新審視另一個在意的巨大負擔，那就是勉勉強強從事的工作。包含自己創作的書籍，我同時要進行三本書的書寫工作，並且同時進行關於第四本書之後的討論，我還定期參與多項編輯工作。

我花時間寫電子郵件並寄給工作單位中每一個人。對於造成大家的麻煩所感到的歉意，以及不得不放棄難得想要做的工作的無奈，讓我的眼淚滴滴答答地落在了無力敲打的鍵盤上。當然還是有無法輕易中止的案件，我就在可行的範圍內繼續做幾個案件，但暫且創造出了能夠稍微休息的狀況，我打從心底覺得太好了。

從慢性過勞讓我身體搖搖晃晃的狀況，以及像根釘子釘在頭上的截稿日所造成的精神壓迫中解脫，讓我的身體終於能休息。我覺得我大多時候都處於過勞狀態。

雖然中斷工作的道歉是一件難受的事，但這也成為一個機會，讓我能夠向親近的人訴說自己的困擾和煩惱。透過郵件或是電話，我能逐一與能夠交談的人聊一聊。

雖然進度緩慢到一個星期內是否能和一個人講到話都不一定，但每一個人都是打從心底擔心我、聽我說話，感覺像是明亮的陽光照進了我黑暗又沉重的心底。

此外，幸好大部分的工作都可以「保留」，我也曾覺得，如果工作沒了會很痛苦，但那只是我自己的考量。然而，正是因為對方模糊處理這一點，讓我感覺自己有了退路。

我最親近的家人及家人以外信任的人都對我伸出了援手。我自己主辦的線上文章講座，這個項目也出乎意料地給了我很大的幫助。由於是一對一進行的親密場域，所以能老實地向學生們傳達我的情況，讓我能改以非常緩慢的步調進行。

我明白坦承自己的不適，寄出哀求般的電郵：「抱歉，我現在做不到」，但大家都異口同聲地回說：「隨時都沒問題」，並且相信且等待著我。受人信任與守護，這是多麼鼓舞人心的事，教會了我言語交流中能帶來希望。在親密的場域中獲得了溫暖的話語，大大地鼓勵了我，我到現在也忘不了。

放下寫作

我一邊矇混自己混亂的腦袋，一邊整理著狀況，一個月又過去了，到了要看精神科的日子。

「我也算是靠寫作吃飯的（維持生計），所以要放下它反而讓我感到害怕，目前是先讓我暫緩進行……」

「嗯嗯，說的也是，現在暫時停止比較好。」

「其實這一個月我想寫作但卻寫不了，只做了一些任務類型的工作而已。」

「因為寫作就是在檢視自身的過程，為了能再次寫作，先稍微休息一下，首先讓自己不要焦慮，這樣如何呢？」

「雖然會感到焦慮……。啊，我雖然不能書寫，但我能夠閱讀。這樣閱讀好嗎？」

「如果閱讀不會感到疲憊痛苦，就沒有問題。那麼睡覺呢？」

「勉勉強強能睡得著，吃飯也需要花上一段時間，但還是有吃飯。」

「我覺得這樣很棒，現在能睡好吃好，散散步就很好。」

「啊？可是什麼事都沒做，這樣好嗎？」

「這樣好啊，很好，嗯嗯。」

這樣寫下來感覺非常理所當然，但處於初始狀態的我連這種事都會感到迷惘焦慮。雖然我充滿著焦慮，但我對同時是丈夫主治醫生的T醫生的信任卻沒有動搖。

此外，我在旁看著丈夫康復過程的經驗，讓我確信自己也一定能康復。就丈夫的情況而言，並不是一年內就能完全康復，在那之後心理狀況就像波浪般起伏，經過了約十年左右，才發現好像已經不再出現像恐慌症發作的症狀了，這真的是非常漫長的一段故事，因此理智上我也明白這需要時間。

所以我也要停止焦慮，只要先「觀察」當下的自己就好。只要確認現狀好就可以了（即使內容不是很好），我試著這樣看待自己。

自己無法控制

在寸草不生、所見之處一片黑暗的沼澤裡，我迷失了前進的方向。每當移動時，彷彿腳就會被泥土纏住一般，我感覺自己誤入了絕望又孤獨的迷宮裡，總之充滿了不安。T醫生對透露了這種事的我說：「大家都是如此，每個人都會感到焦慮。」「醫生也是嗎？！」面對追問的我，醫生一副認真的表情回答我：「對啊。」並點了點頭。

「但是，其實我可以正常地生活下去吧。我之前能夠不帶有這種想法行動，根本不會去一個一個想焦慮的事。」

「自我啊，其實意外地難以控制喔。你現在會這樣想，也不是你決定這樣做的，對吧？不去思考也不是自己能夠決定做到的事。」

「那麼是誰做的決定呢？」

「人之所以會那樣行動，是由原本的基因和他們所成長的環境所編寫出來的程式，感覺就像是依據這套程式促使我們進行運作吧。自己無法控制自己，事情就是如此。」

基因?!程式?!總覺得很衝擊，不是嗎？意思不就是我無能為力嗎？

「自己無法控制自己」這句話深深地扎入腦海，甚至停止了我不間斷產出焦慮的思考，這種強度的話語迴響在我的腦海中。

對一邊感到驚嚇，一邊嘀咕複述「無法靠自己決定自己」、「無法靠自己……」這句話的我，醫生仔細地向我確認睡眠狀況：「真的睡得著嗎？」

「只要吃了藥，就能輕鬆入睡。感覺就像是大腦在叫我休息一樣，讓我覺得大腦其實意外地聰明。」

我這樣回答後，醫生以稍微安心一點的表情面對我。

「這樣啊，你說過會感覺搖晃，現在還好嗎？」

「吃了拿到的抗憂慮藥後，稍微……嗯……好一點了吧。」

我的回答意思是不太有效，但傳達出的意思卻好像反了，醫生露出了驚訝的表情：「啊？有效嗎？」那個瞬間，我的大腦像是理解了那款藥可能對搖晃無效，所以在那之後完全看不到效果（下個月我和醫生報告這件事時，他苦笑了起來）。

我重新認識到心態對藥是否有效的影響之巨大，所以我覺得有必要改變心態，也就是改變自己的做法。

「醫生，我想要改變自己。」

「這樣啊？為什麼？」

「因為我現在的做法會讓自己感到不安……」

「原來如此，嗯嗯。慢慢一步一步試試看吧，不過不要太焦急喔。」

醫生稍微思索了一下，喃喃自語道：「之後做做看認知行為治療也許不錯。」他另外補充叮囑我：「但是，首先你要讓身體好好休息，重點是試著能睡多久就睡多久看看吧。」

「當腦海中浮現了某些東西時，你可以試著意識看看那是什麼嗎？只要留意一下浮現了什麼就好，請不用深入思考它喔。」

在心理相關書籍中學到的自我關懷

正如老師所擔心的那樣，我離開醫院後，在藥局等待拿藥的期間，馬上開始一一仔細檢視腦中浮現的各種念頭，結果立刻感到非常疲憊。我理所當然地陷入自我厭惡，這到底是怎麼回事？真讓人煩躁，連這種念頭我也該去注意它嗎？還是不用注意？我不知道正確答案，不確定做法對不對也讓我感到焦慮，太困難了……。

「認知行為治療」這個詞，在我過去為了準備社工師的國考、念心理學時聽聞過這個知識。我拿完藥後順便前往淳久堂書店，在人文書籍的樓層挑選購買了幾本「精神醫學」區的「焦慮症」入門書籍和「自己就能做的認知行為治療」相關的練習本，但我果然搞不懂練習本要怎麼寫，所以才寫了幾頁就放棄了。焦慮症實際上有各式各樣的症狀，關於頭暈的描述並不多，但因為有恐慌發作的共同點，我再次前往圖書館尋找有關「恐慌症」的書籍。

自那天以來，我開始頻繁前往三宮中心街上的淳久堂書店的五樓，以及市立中央圖書館的精神醫學專區，兩處都陳列著類型廣泛且種類多元的書籍，從專業書籍到漫畫隨筆皆有。因為我沒什麼專注力，一次能拿的冊數也有限，所以需要分天前往。

這樣的行為讓我自然地動起來，光是提起倦怠又沉重的身體前往圖書館，使出渾身解數搬運借出冊數上限的十本書，應該就已經達到相當的運動量了。雖然借出來的書我沒有全部看過，但知道有這麼多人和我一樣煩惱、感到焦慮，讓我感受到一種「並不是只有我一個人」的鼓勵。

我從小只要有不懂的事情，就會從書籍中找答案，這個方法對我來說很迅速。第一步先依靠書籍是我毫不猶豫會做的事，所以我不曾對這個行為產生焦慮。

有些書籍適合自己，也有些書籍並不適合。我生理上拒絕閱讀那些讀了會心情差或是感到痛苦的書。因為我難以集中注意力，所以內容艱澀的書籍我連閱讀都做不到。只要打開書本（或是只看封面和裝幀），書本就能告訴我，我自己是否真的想讀、是否有必要讀，或者是否不該閱讀這本書。對我自己來說，我無法閱讀「錯誤的書籍」。因此，如果是自己能夠拿起並翻頁的書，那麼暫時讀一讀也沒問題，閱讀書籍能帶給我這種安心感。

我一本接著一本閱讀了有關思考訓練的書，很快意識到我讀不下去專業書籍而放棄，並盡量留意那些簡單的書籍……，這時我注意到了身為諮商心理師的伊藤繪美的著作。雖然很多書的標題裡都有認知行為治療、正念、基模治療法等等專業術語，像是寫給心理輔導相關職業的人看的，但我這個外行人終於找到了感覺能看懂的一本書，那就是《自我照顧百寶箱》。

例如，「用大塊的布、披肩或毛毯把自己包起來」也算是自我關懷（靠自己好好幫助自己）的其中一種練習。這些具體且容易融入日常的練習，以十個階段、每階段十個的方式，搭配漫畫家細川貂貂的插畫，總共介紹了一百種方法。

這本的內容並不是那種讓人讀了會感到壓力的艱澀文章，伊藤溫柔的語調對於身心疲憊的人來說就像是一幅「畫」，只要「用看的」就能自然地吸收，低難度的內容讓我欣慰不已。

對心靈溫柔的故事世界

我開始會去圖書館裡的兒童文學專區，因為文字大、艱澀的漢字少、插圖又多的童書對於腦袋容易混亂的我來說，是個溫柔的存在。某一天，陳列在世界名作區的伯內特（Frances Eliza Hodgson Burnett）《祕密花園》（*The Secret Garden*）吸引了我的目光。

我很喜歡石井 Yukari 的占星書籍，不是因為愛看運勢的好壞，而是感覺這也算是一本用統計學來解讀星體運行及變化的科學書籍。此外，以文學方面來說，石井的詞藻優美，充滿著閱讀過古今中外書籍的人才有的深度。

我想到了石井其中一本著作中，引用了伯內特的《祕密花園》當作比喻，所以就馬上借了新譯版看看。雖然很久以前讀過，但我已經完全忘記大意，忘我地埋頭閱讀。

一讀完《祕密花園》，我感到非常震驚，因為我覺得裡頭寫的故事，正是「我的故事」。我接收到了與十二月時閱讀泰拉的《垃圾場長大的自學人生》一樣程度的衝擊。

這個作品作為兒童文學的名作，描寫的是「等待春天」的故事。

未曾體會過來自父母的愛，孤兒瑪麗是一個沒意識到自己的孤單、總是不高興且愛鬧彆扭的偏執少女。出生於富裕的家庭少年柯林，卻因為父親扭曲的愛，讓他被灌輸了對死亡的恐懼，使得他長期躲在黑暗的房間內。瑪麗在寬闊宅邸角落發現了荒廢的庭園，她從一個人拔雜草開始，漸漸地夥伴增加了，最終造出了美麗的庭園，這讓她自己的身心靈得以康復，甚至讓柯林父子之間的關係獲得了重生。

故事舞台位在英國約克郡的一座荒地，然而過了天寒地凍的冬季後，野花盛開的美好春天便會造訪這座荒地。那樣堅韌的自然環境，以及生活在那裡的人們，他們雖然不善言辭，甚至有些粗魯，但卻樸實又極具魅力，逐漸融化了宛如寒冬般冰冷的少女和少年的心。

看起來彷彿枯死的「庭園」，其實並非完全死去，即便被冰冷的土壤覆蓋，地底下的根與球根卻仍活著，只是看不見而已。

總覺得這一切就是我內心風景的寫照。

就像是在心靈的山中遇難的我，在暴風雪之下身心靈都徹底凍僵了，對我來說，故事裡登場的不得志的少年少女宛如成了與我志同道合的夥伴。與人類的思緒相反，大自然總是悠悠地產生變化，冬天過後必定會迎來春天。雖然我現在處於寒冬中，但春天一定會到來，我也堅信如此。實際上，我是在二月這個酷寒的季節開始閱讀這本書，也許是因為與自身狀況重疊，所以讓我更能真實地沈浸在故事中。

《祕密花園》中不斷重複提到這個簡單的觀念：「不動的話心會變得鬱悶，對身體也不好」，意思是「活動身體才能維持心理健康」，不能把自己關起來，必須到外頭呼吸新鮮空氣。

雖然是寫給青少女的文字，但也打動了現在無法隨心所欲行動、或是不行動的我，讓我像是被附身一般沈浸到故事中。等到寒氣漸消，稍微回暖的時候，我就去附近的山上散步好了，我感覺自己只做得到這種事。不過，這種事的話我能做到也說不定。這樣一想，彷彿我不曾想過的春天也正等待著我。

優秀的故事能緊緊抓住心靈，帶我們到完全不同的地方。雖然很多事我都做不到，但我卻能夠像這樣閱讀故事和書籍。閱讀相較之前更加真實地帶給我幫助，這不正是一種不該放手的幸運嗎？

在看不見前路、充滿不安的黑暗中，我像是在腳下摸索著隱約看到的小石頭、將其往上堆疊一樣，我一本一本地挑選「看起來對自己有益處」的書籍，往放著不管彷彿就會被「焦慮的自己」給淹沒的大腦中，澆灌他人的話語及故事。

第五章

創造出屬於自己的地方

早上起床、洗臉、從椅子起身、下樓梯、走路去便利商店買牛奶、騎腳踏車到圖書館歸還借來的書、餵正在叫的貓、泡澡溫暖冰冷的身軀，這些事只不過是日常生活，但對於害怕漂浮感、快跌坐在地的我來說，將「行動」當作「運動」也成為了復健的第一步。

設立目標，進行小小的行動。說到過生活，雖然淨是一些非常理所當然的事，但對身心靈都如同鉛塊一樣沉重的我而言，每一件事都像是一場拚命的冒險。即便做不到也沒關係，但如果辦到了就算是很厲害了。

每一天默默累積著復健，過了兩天、三天、一個星期，我總算能夠過上日常生活了。

在日常生活中各個角落，像設陷阱一般，設置「讓身體動起來的微小機關」，並且開始意識到要以樂趣為目標來「行動」。仔細地留意、不要錯過自己那一點點微弱的幹勁，忠實地追隨閃現在心底的慾望之光。下定決心去剪掉雜亂的頭髮、預約牙醫洗牙，慢慢開始照顧過去呈現自我忽視狀態的自己。這些全都與「運動」的機會相關，這樣至少對自己不壞，或許吧。

「我的房間」是必需的

二〇二一年三月，那天早上的事我記得非常清楚。

我不知為何突然決定了要「在某處租一間房」。

大概是因為我想到了維吉尼亞．吳爾芙（Virginia Woolf）所說的話：「女人如果想要寫小說，必須要有錢，還有一間屬於自己一個人的房間」。雖然我沒在寫小說，錢也不夠，但我覺得「自己一個人的房間」對我而言是必需的。

窗外天色仍微暗，沖泡完溫奶茶後，我用剛起床仍恍惚的腦袋，開始找尋未知的屬於我的房間。我在堆滿了日用品的客廳桌上的角落打開了MacBook

Air，在搜尋欄位中輸入地區、格局、租金等等腦中浮現的項目，從頭到尾瀏覽我找到的租賃不動產網站。

這些房間有著各式各樣的形狀，有的方正、有的狹長，還有那種必須自行安裝瓦斯爐、真的「完全只是一個空間」的房間；也有那種相對於房租來說很寬敞、但一看就知道柱子已經腐朽的房間。因為我預計要找的是從自家騎腳踏車十分鐘內會到的地點，所以也算是在附近，然而螢幕那頭卻接連出現了我想像不到的異國空間。等我回過神來，太陽早已升起，窗外滿溢著春日柔和的陽光。

在凝視著筆電的我旁邊，丈夫照常起床、出門上班。我就像是在計畫一場祕密的冒險，總覺得好興奮，還忘記吃早餐與午餐，那一天，我清晰且具體地組織出「我自己所追求的房間形象」。

身體深處感覺到一股熱量，我正強烈地產生反應，那股熱量如光芒般照亮了我的內心，這對我來說不壞，很好。

成為自由工作者已經超過十五年，自家客廳中的圓桌一角便是我工作的地方。我只是一名有筆電、印表機與掃描機就能工作的自由作家，事業也沒有大到需要別人協助的程度。

早中晚吃飯時在桌子上的固定位置鋪上餐墊，工作時間就在固定位置開啟筆電。這樣一想，一整天中大半時間我都坐在同個地方。早在因新冠肺炎而出現的遠端工作之前、超過十五年前，我就已經每天待在自家角落默默地工作。

我也很憧憬有一間書房，不，不用那麼鋪張也可以，我只想要有一個能夠自在擺放工作工具的地方。然而，無論怎麼想，我家都沒有多餘的空間。

在我們這個夫妻二人同住的家中，本來就沒有彼此各自的私人空間。丈夫不擅長整理收納，性格上也有粗枝大葉的地方，或許正因如此，他不會將自己的規則強加到別人身上，即便我隨意攤開工作道具，他也毫不在意，不論是否散亂或骯髒，他都不會介意。

因為我自己也有懶散的地方，所以作為同住者來說，丈夫是一個讓人感到輕鬆自在的對象。

與將自家當作工作場所的我不同，擁有「職場」的丈夫出門上班後，在家裡就只剩下我一個人。我的心情也會自然而然地切換，即使把家當作工作場所也完全沒問題。

新冠肺炎卻完全改變了這件事。接連不斷的自主健康管理要求，讓人們開始「宅在家的生活」。丈夫在家裡進行遠端工作的機會增加了，工作的資料也必然會增加。本來就凌亂無章的家中，變得越來越混亂，桌上擺不下的東西就疊在地上，各種雜物堆疊在一起，上面還會再放一些小東西。該怎麼說呢？雖然我沒有覺得困擾，但卻感覺煩躁。面對毫無秩序與不平衡的事物，讓心情很不舒暢。

再者，當自家變成了像是兩個辦公室共用的工作場所，比如吃飯的時候，其中一人的手機都可能會響起，並接到一些麻煩或催促的聯絡。家裡無法順利地在「生活場所」與「工作場所」之間切換，芝麻蒜皮的小事就像是紅酒瓶內的沈澱物一樣累積，感覺房間裡的空氣一天比一天顯得混濁又沉重。

不知不覺中，對我來說，丈夫變得像是同一層樓中、微妙地侵犯我個人空間的同事般的存在，即便是處在「生活模式」，我也總是感覺到某種緊張，在自己家裡也無法好好放鬆。我面對「自己」的領地變得神經質，與丈夫之間發生了幾次爭執，（感覺上）原本該是安穩的生活場域和職場的家，已經什麼都不是了。

唉，好想要一個專屬於自己的地方。每天每天，我都像是在祈禱般地唸誦，但我卻想像不到那會是一個怎麼樣的地方。

這麼一想，我從小時候就一直追求著一個「專屬於自己的地方」。在我的老家，三個小孩各自都有一間兒童房。然而，我卻覺得那個房間不過是屬於父親所擁有的「房子」的一部分。

父親總是極度想要知道有關妻子和小孩的所有事情，他會透過內線偷聽我們與朋友的通話，甚至突然插話。不過在那個年代的家庭來說，這種事應該不怎麼稀奇。

父親會隨時打開兒童房的抽屜或壁櫥，指責我們書桌整理得不好，他不喜歡的事物就會扔出來，並對我們說教。中學時，他發現了我和同學借的漫畫《Highteen Boogie》，臭罵了我一頓：「會讀這種色情書刊的傢伙都是不良少女」，總之我感到非常恥辱，直到過了五十歲我仍忘不了。

此外，我與透過雜誌找到的筆友開始通信時，他會擅自打開寄來給我的信，並理所當然地讀信。如果向他抱怨，他還會反過來斥責我，說對方是不是寫了什麼不能給父母看的內容。

這種與青春期的孩子沒有保持好距離的父母，在同學家裡也很常見，我們會在休息時間或放學後一起講父母的壞話來排解壓力，所以對此我沒有什麼感到太鬱悶的記憶。

只是，即使是自己的房間，也隨時可能會被人闖進來，讓我覺得很討厭，感覺「這裡不是讓我能安心的場所」。順道一提，母親也很討厭父親這樣的言行，相較之下她比較顧慮到隱私。現在回想起來，她在家中應該也沒有這種空間，而她自己也渴望擁有這樣一個地方吧。

三十五歲左右，我第一次離開老家，曾經短暫一個人生活過。剛搬過去的那個晚上，房內還沒有窗簾，也沒有餐桌，我將微波過的便利商店焗烤飯放在地上，配上便宜的白酒。那個當下我感覺自己就像待在航向汪洋大海的船上一樣，第一次體會到人生彷彿無限開展的自由。

開始找房子以後，當時的感觸久違地清晰浮現在眼前。我確信，現在的我是在找尋自由。

抬頭看著窗戶行走

我找房子的條件是要有窗戶，最好要是大的窗戶，然後還要有陽光，可以的話景色要好看。這些條件寫下來，應該任何人都會覺得理所當然吧。

我有我自己的理由。對於像我這樣如同堵塞後排水不佳的排水管一般容易混濁停滯的身心靈來說，現實上來看我認為必須要曬太陽，像為了防霉防蟲那樣通風。《祕密花園》中也有提到，不要關在黑暗的房屋內，出去曬曬太陽才好。讓身體與迎面而來的風接觸，就能忘記討厭的事。這些事不正重複被寫在書上嗎？

有窗戶的房間通風良好、打開窗戶時不會馬上就面對著隔壁建築物且空氣流動性佳。如果要找這種房間，位於建築物的高樓層就成為了優先條件。

考慮到低預算，超高樓層的大樓當然是「不可能」的選項。比如那種興建於昭和後期、稍微老舊，換個時髦的說法是復古風的住宅區公寓，或是像社區型公寓的集合住宅，或許都是不錯的選擇。

雖然因為暈眩而感覺輕飄飄，走路也不快，但為了找房子，我開始每天在自家方圓大約兩公里的範圍內走路。

每當發現出色的建物，我就會用眼睛描繪上層的窗戶。詳細查看集合住宅的窗戶後，我發現窗戶非常具有表現力，隱隱約約浮現出窗簾的輪廓、掛在欄杆上凌亂的衣服等等，都能窺見裡頭的生活。透過窗戶的間隔可以看出那間是單身者居住的房間，還是家庭居住的房間。窗框的裝飾會反映出那棟建築物的等級，感覺連住在那裡的人的月收入都想像得到。

一邊抬頭看著窗戶一邊行走，原本熟悉的附近街景的解析度都格外提升了，沿著公車道、往裡面走一條街的住宅區，或是再往裡頭的小巷等等，每一戶都住著自己不認識的某人，這讓我打從心底感到不可思議，甚至愣住。居然有這麼多人在過著生活，而他們又在那想些什麼呢？我恐怕一輩子都不會知道這些事實。

除了自己以外，確實存在著某個人。即便彼此互不相識，卻仍活在同一時空。強烈意識到這件事後，不知為何感覺我心中的悶氣稍微減輕了。

心靈動起來後，身體也會跟著動

我突然注意到一件很重大的事實。

那就是只要我沒有讓我的心動起來，我的身體也不會活動。

即便在身心靈搖擺不安定、害怕站起來的狀態下，偶爾仍會出現觸動我心弦、使我的心動起來的事物，就像是胸口突然感到溫熱、點起了一盞小燈的感覺。當那盞燈指引著我，我的心動起來的時候，我的身體也會跟著活動。或者是當身體無意識地動起來的瞬間，心也會突然被點燃、開始活動。

當身心靈都動起來時，我就會忘記那股搖晃的感受。或許是身心靈讓我忘記了那種被束手無策的無力感所苛責的搖晃感吧。我無法透過自己的腦袋驗證這件事，我不能透過思考來理解，只能實際行動，我是如此銘記在心。

找尋房子時的某一天，針灸診所的招牌突然映入眼簾。我知道在我經常經過的地方，有一家小巧而傳統的針灸診所。看著像是院長醫生的名字出現在招牌上時，我的腦中突然浮現出了某張臉龐。我想到我常去的御好燒店內，一對常客夫婦熟悉的臉，總是笑咪咪的院長醫生與皮膚清透、臉頰上總是透著淺桃色的友善妻子。這樣啊，原來這裡是他們經營的針灸診所嗎？感覺像是把腦海中忘了的拼圖接了上去。

到了風吹會感到一絲涼意的初春時節，但我就是覺得冷到手腳刺痛，簡直痛得不得了。即便不斷貼暖暖包也沒有用，感覺像是皮膚下放了不會融化的冰塊一樣，很想設法解決。

比起處理心理問題，要先解決身體的問題。

在四處瀏覽心理健康相關書籍的過程中，「調節自律神經」的句子不斷重複出現在我的眼前。正如標題所述，這本名為《看漫畫學習調節自律神經》的漫畫隨筆中提到，自律神經是控制神經系統本身的神經，與自己的意志無關，它二十四小時無休地控制著血流、呼吸與調整體溫等等。

自律神經分為「交感神經」與「副交感神經」，交感神經會在活動的時候作用，副交感神經則是在休息或放鬆時作用。交感神經發揮了「油門」的作用，副交感神經則是擔當了「煞車」的角色，這兩種神經保持良好平衡互相作用對身心靈有益。

因為自律神經會影響生理及心理，所以我也曾懷疑自己的自律神經失調。其中一個考慮的對策是針灸，但我不擅長應付疼痛（雖然應該大家都是如此），光想到要用針刺就害怕得不得了。因為是直接觸碰到身體的治療，即便評價多麼地好，如果對方是不認識的人，我還是會卻步，由於這種原因讓我放棄了這個做法。

然而，當時腦中浮現的醫生的臉龐，卻倏地點燃了我心底的一盞燈光。如果是那位醫生的話，我會想拜託他幫我治療！

聽說有些人適合針灸，有些人則不適合，而我屬於前者。幸運地很快就預約到了，醫生先是不疾不徐地聽我說話，之後才從溫和的治療開始施作，這讓我感到安心。施作完後感覺身體好像變輕盈了，身心靈都感覺良好。一週一次步行約十分鐘的距離到針灸診所看診，也算是一定程度的運動，全身暖呼呼的回家路，彷彿像是剛從澡堂出來一樣，讓我回想起「走路」的快樂（對我來說，沒有目的的「散步」反而會讓我感覺到痛苦）。

俗話說多走路總會碰到好事，走路真的是一件好事，我還感受到了自己對血液循環變佳、暖呼呼的手腳的愛惜。找房子的過程還附帶了這種額外的收穫。

窗戶很大的小房間

三月下旬，以找房子為目的的健走成為了每天必做的事情，我決定要去看看一間中意的房間。雖然是打從心底認真在找房子，但同時覺得這件事有些脫離現實，彷彿是與自己無關的事，不過在看到實體後，我的意識突然變得真實。

雖然沒有決定租下哪間房，但在我重新篩選從自家到租房的距離、房租、設備環境等等具體條件時，我收到了一封電郵，那是一位正在管理不動產的友人所寄來的。他好像看到了我在社群網站中的貼文，知道我正在找工作場所。剛好有空房釋出，似乎是一間正在整修中的物件，他以開玩笑的口吻問我：「青山，如何？」這種隨意的語氣讓我覺得欣慰，我也輕鬆地叫他傳格局圖給我，發現這個物件雖然是單間小套房，但窗戶之多讓我感到驚訝。我也詢問了地點，它位於從自家騎腳踏車十分鐘左右、徒步也只要二十分鐘以內的地方。不正是完完全全在我找房子要求的範圍內嗎？

房租大概還比預期所想得還要便宜許多。粗略地在腦中計算看看，準備好所需的最低限度的家具後，只要把存款領出來，姑且先租個一年應該沒問題。

房東是熟人的關係，我對這個物件的信賴當然不用說，而那個人沒有過問，便察覺到我人生幾近崩潰、身心俱疲的狀態，這也是我對那間房間能夠感到百分之百以上安心的理由。

如果詳細描述的話，整件事聽起來未免也太過順利，就像套好了一樣，這種偶然與他人緣分的重疊，讓我在開始找房子兩週後，獲得了這間通風極佳的小套房的鑰匙。

套房位於屋齡五十年以上的鋼筋四層樓建築的四樓，雖然看來樸素，但讓人感受到些許昭和時期木工工藝的擺設，以及歷經長年重新粉刷的木頭柱子漆面都散發出一種韻味，總之讓人感到很平靜。

反正窗戶是關鍵，東邊有陽台，南邊有飄窗，西邊則有一扇高度符合手肘倚靠的窗戶，坐著時可以倚靠手肘。

房間幾乎是正方形，三面牆上都有窗戶，隨著太陽升起，光線會依序從東邊射入。如果將所有窗戶都開著，風便會颼颼地穿過房間，甚至連建築物前面正在幹線上奔馳的車聲都會傳進來。在那間明亮又通風的房間裡閉上眼睛時，會產生自己是不是正置身於街上的錯覺。

如果用稍微漂亮的說法來形容，這個擁有大窗戶的小房間就像露天座位一樣，從那之後便成為了對我來說很特別、專屬於我的地方。

從自家騎腳踏車「通勤」也成為了「運動」，光是「來往」這間位在四樓、沒有電梯的房間，就已經算是對腿部及腰部的絕佳訓練了。活動身體總會伴隨著意外的好處呢。

另外還發生了更不可思議的緣分。第二天通勤，在工作場所附近的路上，我偶然碰見了一張懷念的臉孔，那是曾經照顧過我愛貓噺噺的獸醫院醫生及護理師。這麼一說，工作場所和獸醫院之間距離很近。兩個人都清楚記得噺噺，久違地聊了有關噺噺的話題。總覺得，我們彷彿像一起往裝有重要回憶的抽屜內望去，讓我的胸口感到一陣暖流。

只乘載自己「喜歡事物」的空間

我花了不少心力來佈置房間。

這也是一種緣分，四月初我搬進來當天，一位朋友特地運了一張漂亮的沙發送我，我便先擺上了有著綠黃花紋、又大又鬆軟的抱枕來搭配沙發，抱枕光是擺在那裡，就讓人感覺心情都明亮了起來。

因為不會在這個房間飲食，所以沒有特別準備料理用具，但為了能隨時喝到熱茶，我選擇了一台有著圓滾滾復古設計的電熱水壺，那是朋友送我的禮物。

因為沒有要過夜的打算，也不用在意晚上會有反射，所以挑選窗簾時的自由度很高。我找了一位室內裝潢品味很好的朋友商量，他推薦了我價格親民、品質和氛圍都很棒的窗簾，最後我選擇了一款感覺貓一抓便會破掉、自家絕不會使用的薄蕾絲窗簾。因為窗簾薄得幾近透明，即便窗簾全拉上，太陽光幾乎還是維持原樣，但會變得柔和地照射進來。柔軟的布料隨風搖曳，感覺真的「超級美好♡」，每次看到它都讓人變得興奮起來。

像這樣挑選室內裝潢後，我驚訝地發現，這裡與自家的風格竟截然不同。

現在想想，我們家本來就是丈夫自己持有的房子，家具也多半是按照丈夫自己的喜好所擺設的，整體來說設計時尚又高雅。

然而，由我挑選覺得好的東西所整理出來的房間，呈現出一種更加悠閒、還帶有點陳舊般的緩慢品味。啊，對我來說，這種風格比較能感到平靜啊。我凝視著那個有了形狀、受到視覺化的空間，就像發現了自己從未察覺過的一個面向一樣。

另外，我自己也感到驚訝的是，我幾乎不渴望任何東西。我強烈地希望盡量不在那個房間裡擺放任何物品。雖然我也不太明白，但這也許是對物品過剩的家中所做的反抗吧。

只要有一張工作用的簡單書桌和書架就足夠了，因此我對挑選書架很講究。我搜尋了很多網路商店，也實際去了室內設計相關店家查看，最後決定訂做一個尺寸完全符合需求、顏色與房內的木頭柱子相同色調的書架。因為我弟弟是木工，所以能拜託他製作真是太好了。不過，他帶著面對家人特有的悠閒感跟我說：「等工作穩定下來再抽空幫你做，要等一下喔。」結果書架是在我入住後兩個月、六月時才慢慢完成的。

也許對我來說這反而才是適當的步調。要擺在架上的書，我沒有集合裝在紙箱內叫快遞，而是一本一本地親手搬運。自從四月拿到了房間鑰匙開始，我以對我來說算是竭盡全力的速度，花了兩個月緊湊地處理這些事。

名為開放式對話的「對話手段」

我決定要擺到那間房間內書架上的其中一本書，叫做《漫畫 讓人想試試的開放式對話》，是一本入門書籍漫畫。這本書由精神科醫師齋藤環負責解說，他從早期就致力於實踐與介紹「開放式對話」這種對話方式的理論；漫畫則是由水谷緣所繪製。

我第一次知道漫畫家水谷緣，是透過他的一本漫畫作品：《成為精神科護理師的原因》。在我念社工的過程中，當我對精神疾病產生興趣時，這本書成為了我入門的讀物。

人們的心為什麼會生病？從自身經驗中產生疑問，在成為精神科護理師後，面對現場患者的過程中，逐漸看見了他們各自的情況，以及每個人在生活中所重視的規則。裡頭的內容是透過主角的眼睛，來描繪精神科真實的現場。

自從感覺到十二月和一月自己的心理出現了巨大的異變後，我覺得作品中出現的精神科病房患者仿佛都在表現我的心情，因此我將這本書視為護身符來閱讀。

畫了那種作品的作者水谷竟然畫了開放式對話的漫畫！對我來說，滿溢著能讓我的心興奮的要素。

「開放式對話」是在芬蘭的精神醫療場所中誕生的手法，數年前起這個詞在我身邊就時常有耳聞。我看了齋藤環寫的兩本解說書籍，知道這應該是一個很棒的手法，但我怎麼也搞不懂，它和其他對話的場合具體上有什麼不同。

例如當事者研究和自助團體等等，對話的場合會以各式各樣的形式傳播，那開放式對話和這些形式有什麼差異呢？又有什麼共通的部分嗎？

以前我只想把開放式對話當作知識來理解，現在的我則是懷抱著這也許會成為「能幫助自己的照護方法或療法」，像抓住救命稻草般的心情。

三月中旬，《漫畫 讓人想試試的開放式對話》一發售我就立刻讀了（我常去的淳久堂書店的精神醫學專區正面陳列著這本書）。

這本書由光看就能從中獲得資訊的漫畫所描寫的具體故事，以及專業用語少的仔細解說所構成，讀了以後就完全理解了以前不明白的具體「做法」，以及開放式對話具備的既定規則。不過，為什麼會有那種規則？又有什麼好的呢？果然好像還是要實際試試才會知道。

這看起來很棒！——雖然正如標題所述會想立即做看看，但人似乎需要多一點，盡量在四個人左右的小組中執行才比較好。對於現在溝通能力是負的我來說，光是和丈夫、精神科醫生以及有限的親密友人說話都費盡力氣，我完全想像不到自己該如何找到那個小組，於是姑且先將這個方法當作「保留」卡，放在自己心底。

自從四月獲得了這個當作工作場所的「自己的房間」時，我的人際關係突然活躍起來。雖說不過是與租房的房東、附近醃漬物店裡的大姊、經營麵包店的夫妻，還有在旁邊公園進行貓咪保護活動的阿姨站著閒聊的那種人際關係而已。

在這種關係中，很少會過度顧慮對方，對方也不會過度顧慮我，總覺得這樣很新鮮，心情上也很輕鬆。也許是我對那種太深入彼此的情況、猜測想法、揀選用詞、對方也會斟酌用詞的事情感到疲倦也說不定。連自己的事情都變得弄不明白的我，怎麼可能想得到對方實際上在想些什麼。

這不是那種像雷達一樣緊密監控、宛如高準確度空戰的人際關係，而是希望能有一個能以更簡單的關係進行對話的人。我真想與那種人進行看看所謂的開放式對話啊。

四月中旬，在這個還只有廁所衛生紙、熱水壺及杯子的房間裡，我重讀《漫畫 讓人想試試的開放式對話》時，腦袋中突然浮現了一張臉。那張臉孔是漫畫家細川貂貂。

能放心來往的人

《阿娜答得了憂鬱症》的作者漫畫家細川貂貂曾幫我繪製我自己寫的《稍微成為當事人》、共同著作的《紅豆麵包、果醬麵包、奶油麵包——女子三人的煩躁日記》的插圖及封面圖。雖然實際與她見過幾次面，但也不到親近的關係。

不過，我自從心理狀態開始變得不穩定後，讀了她的著作，她在四十八歲得知自己患有發展障礙，發覺了活著的不易，這讓我擅自認為「我非常理解」。尤其在她與精神科醫師水島廣子所寫的《這樣就好。》系列中提及，受人際關係擺弄而不知如何是好的心情，我非常能夠同理，也從中得到了很大的鼓勵。

貂貂小姐在著作裡不斷重複描寫到，自己不做臆測、不說非出自真心的話，不讀空氣來行動（也無法這樣做）。這樣的人才正是我現在最能放心來往的人不是嗎？

貂貂小姐主持著當事者研究的場域，我自己也繼續進行著線上文章講座，我們都正摸索著與人來往的場域的可能性，這是我們的共通點（我擅自這麼堅信著）。

我現在正在治療焦慮症，所以想找點辦法，加上也在考慮有機會的話將來能以製作書籍為工作，因此我唐突地傳了訊息給她：「要不要一起進行開放式對話呢？」並快速地收到了她簡潔的回覆：「聽起來很有趣耶，一起做吧。」幾天後，我們再次在線上見面，這就是事情的經過。

與貂貂小姐對話時心情上非常輕鬆，輕鬆到讓我覺得驚訝的程度。

例如，她面對我零碎的話語，也能夠清楚地傳達她不太明白。雖然只是舉例而已，但如果我的頭髮亂糟糟的，跟對方說我的頭髮沒整理好，其他人可能會說：「完全沒問題喔，不用在意」，但心裡其實覺得很怪（這是我的妄想）；貂貂小姐卻會回答真實的感受：「對，頭髮亂亂的喔。」

能夠與這種「能相信他不會說謊」、「能全盤接收我的話語」的人對話，對於針對任何事都會產生極端扭曲的想像、被自己幾近妄想般的想法所擺弄的我來說，真的很輕鬆。不過每次和貂貂小姐對話，我都會完全認同她，感覺像是肩膀的力氣突然被抽掉一般，身體的感覺很好。

我們互相找尋可能可以一起進行開放式對話的人，能順利組成小組的話就開始進行開放式對話吧。在那之前，我們先互相調整彼此認為人際關係中困難的部分。

以這種感覺，我與貂貂小姐開始了定期的會議。因為四、五月時工作的租屋處還沒有電腦及無線網路，所以在丈夫出門上班後，我會在家連線開啟Zoom，透過螢幕畫面與貂貂小姐相見。

雖然目標是不久之後要試看看開放式對話，但與她的來往，也成為了我重新檢視人際關係的大好機會。

雖然自己說有點不好意思，但我是非常熱愛社交的性格，甚至人際關係過於廣闊。我決定將人際關係大致整理一下，與需要有所顧慮的人拉開距離。只要聽那種像貂貂小姐一樣不偽裝自我、照實說出心聲的人的聲音就好。

我將貂貂小姐偶爾會說出口的話銘記在心：「只有自己才能保護自己喔」，我想要領會保護自己的做法，心中微小的光再次亮起了。

第六章

為了與他人交流而設的小房間

六月，用來當工作場所的租房裡，初夏的風開始從大窗戶吹進來。我訂的最新的24英吋 iMac 送來了（非常熱門，等了兩個月）。

在這個好不容易像樣一點的房間裡，不會被任何人打擾的我燃燒著創作欲，往作家工作邁進。這種事絲毫沒有發生……。不，差不多該振作一點了吧，想著 iMac 應該能成為老花眼疲憊模糊時的好幫手，於是帶著鼓勵自己的意圖，下定決心按下了購買鍵（自家的電腦是 MacBook Air 13英吋）。

然而，不會盲打的我每當要寫文章時，必須要像搖頭紅牛[5]一樣，不斷交替地看液晶螢幕與鍵盤，感覺脖子快斷掉了。漂浮感依舊存在，光是用大螢幕滑動文字編輯器，就會讓我像是快暈車一般地感到不舒服。注意力的泉源也已乾涸，我仍害怕是否會搞錯透過書寫來深入觀看自我的方法。說起來，我很快就

5　日本福島縣會津地區的傳統工藝品，其特點是頭部會不斷搖擺不定。

明白 iMac 根本無法用於「寫作」的工作，我感到沮喪。

必需要做的事情和以最小限度進行的慢節奏工作就姑且先用家中的 MacBook Air 應付（就這樣做吧）。正試著放棄時，我發現擺在工作場所的大書桌上，總是會有自然光從大窗戶照進來，應該適合「閱讀」。我在文章講座課題收到的作品，預定要手寫感想，雖然進度緩慢讓參加者們久等了，但實在沒有別的環境比這個房間更舒適了。

至少讓我跳個舞吧！

我買了設計精良的 JBL 小藍芽音響，掛在房間裡的門框上，開始播放 iPhone 上的廣播當作背景音樂。我特別喜歡聽的是裝幀師矢萩多聞所做的《書本所到之處電台》廣播節目。內容主要是請賣書、寫書、做書的人輪流登場當來賓，並進行談話，可以很輕鬆地隨意聽聽，當我不斷播放過去的集數時，聽到耳熟的書名、人名、出版社名稱和書店名稱，就彷彿中獎一樣，會讓我「喔！」地一聲感到快樂。

不知道是不是因為多聞先生的選曲很合我的喜好，聽《書本所到之處電台》成為了契機，讓我久違地想起了聽音樂的快樂。在YouTube稍微搜尋一下，便跳出許多八〇、九〇年代時流行的西洋音樂，讓我充滿情感，懷念得快要哭出來，總覺得這種懷舊也算是一種不壞的過往回顧。

我覺得「在人前唱歌」很害羞、也做不到，只有在自己的房間裡可以毫不在意地盡情哼歌，哼～哼哼～嗯哼。當身心靈無法隨心所欲、狀態不佳時，彷彿像是在世界的角落裡孤身一人，雖然哼歌的自己很快樂，但總覺得有些可憐，又感到一陣鼻酸。

回想起音樂的樂趣，讓我發現了自己從未想像過的一面。一邊哼～哼哼～

哼地唱歌，一邊配合音樂試著搖晃身體，身體卻沒有如願動起來。

雖然我是音癡，不過我的音感不差，我最喜歡隨著旋律起舞。我本來以為只要聽到音樂，身體便能自然地搖晃，但是不知為何，耳朵抓到的聲音傳到身體動作時，感覺有時差，兩者絕妙地錯開了。那感覺完全與被漂浮感糾纏不休地擺弄著一樣，感到微妙的不舒服，讓我忍不住驚叫出聲，對自己的身體動作感到驚訝。

我的音感變得十分糟糕……。我播放十六拍速度的歌曲，試著跟著跳舞，結果我的動作差到不可置信的地步。動作一點都不俐落，彷彿像是高中生時期看的電影《渾身是勁》（*Footloose*）中的鄉下青年一樣土氣。

這件事因人而異，有些人說不定不會在意，但我一直以來相信自己是一個即便不會唱歌、也還是會跳舞的人，這對我來說是個相當大的衝擊。此外，我也感到憤怒。雖然此刻我深切地意識到，我是一個對自己感到絕望便會生氣的人，但至少要讓我跳舞吧！這種不知針對何物的怒氣爆發出來，從那天起我便開始跳舞了。一到工作場所後，我會先跳完一整首歌當作暖身，甚至在舞蹈中加入那些絕對不想讓人聽見的大聲吆喝，例如「哈哈哈～嗯！」或「嘿！嘿！」。面對這麼土氣的自己，我就像喜劇演員柳澤慎吾的心情一樣感到無奈想笑。

也許是我比想像中的還更不甘心，我把放在家裡壁櫥深處的丈夫的吉他拉了出來，開始噔噔噔地彈奏起來，我持續彈奏了一個月，還去上了吉他課。不出所料，因為按住弦的指法很困難，所以我在被稱為「初學者難關」的封閉和弦上遭受挫折，不過和喜歡吉他的朋友們進行線上聚會，聽他們彈吉他，彷彿是遺忘的青春般快樂時光，作為附加的喜悅隨之而來。

由於放鬆心情是個大難題

雖然讓心情變好的微小要素逐漸增加了，但身體的遲鈍和倦怠感依然頑固地折磨著我。

我很常咚一聲地撲倒在新送來工作場所的沙發床上，可憐地流著眼淚，這個房間真的讓人很安心啊！卻也覺得自己什麼都做不到呀！如同身體的搖晃，我對自己無可奈何的情緒起伏也搖晃不定。啊，真的很討厭會因為芝麻蒜皮的小事而動不動哭泣的自己，可惡。

對自己感到不安的同時，憤怒也一點一點地湧現，這大概是因為有一個能讓我安心的空間，在那裡我的心得到了能夠盡情休息的餘裕。

這樣下去就完蛋了，必須想辦法解決心理的不適。即使別人說「別急」，但還是會感到焦慮啊。這種心情，真的無能為力嗎？

定期到精神科看診中，每次都會得到一些建議，雖然心理治療的主治醫師T醫生會盡可能聽我說話，但無奈的是，體感上健保範圍內的診療時間只有一瞬間而已，總讓我感到有些意猶未盡。

在閱讀心理健康相關書籍的過程中，我對能夠仔細傾聽的諮商服務也產生了濃厚的興趣。雖然審視自己很可怕，但我會希望能讓心理專家來檢視我的內心，我懷著這樣的心情。

與T醫生討論後，得到了他的認可：「如果你想做的話應該不錯吧，再跟我分享諮商進行得如何吧。」雖然我已經申請了感覺合適的人，但在前一天卻湧現了對於「自我審視」的恐懼，讓我久違地感受到心臟劇烈跳動。

糟糕，我正捲進不安的漩渦中。總之我先寫了請求保留預約的電郵，獲得了對方貼心的關懷，雖然這讓我再次感受到，如果是這個人的話，我果然還是想接受他的諮商，但同時我也感到很沮喪，因為這樣又會給他人帶來麻煩了。

每當要做某件事前，我都會感到猶豫害怕。好像不該再深入挖掘自己，但又感覺這樣下去還是不行⋯⋯。

六月結束時有著這樣的事情，我得知諮商心理師伊藤繪美開了壓力因應的入門線上講座，於是我下定決心聽了講座。原因是我覺得如果只是「聽講」應該沒問題，加上她的那本充滿溫柔關懷又溫暖的著作《自我照顧百寶箱》，讓我認為如果是她的話我能夠安心。

「因應」意思是「處理及對付」，在心理學用語中，「壓力因應」指的是「為了對付壓力所採取的帶有意圖的行為」。我一心懷著想要知道如何靠自己幫助自己的心情去報名。

在我們生活中，如何應對無法避免的壓力？講座以具體範例說明結構及解決方法，時長是扎扎實實的五小時。

因為我沒有能夠一口氣看完直播的注意力和體力，所以將錄影存檔細分成十分鐘、二十分鐘，花了一整個七月仔細地觀看講座。

人們在某件事發生時，瞬間會浮現出某種想法或圖像，那個被稱為「自動思考」，會接連在心中模糊地浮現各種美好的事和討厭的事。因為這種思考是在無意識的情況下「自動」產生的，所以無法消去或阻止它。

讓我聯想到，心理主治醫師的T醫生對我說的：「稍微注意看看腦海中浮現的想法」，指的就是這種自動思考。

要是自動思考永遠只會是美好與快樂的事那就好了，但反而出現的是討厭及負面的想法，因此才會感到痛苦。雖然自動思考無法隨心所欲，但還是可以特意地去「意識到它」。

當出現的想法對自己來說很難受時，我學到了這些方法：例如，在腦海想像一個小溪，把想法放在一片葉子上，並釋放掉它（放走它），讓它隨著小溪漂流。不過，我自己產出的煩悶都太沉重了，放到葉子上便會沉沒（明明是在腦海中）。取而代之，我試著想像一艘小船，可是微弱的小溪水流無法讓小船移動。於是，我讓小船漂浮在洛磯山脈裡可能存在的奔騰湍急的急流（只是想像），並將負面的煩悶想法放在上頭，強行將它們沖走（只是幻想）。

雖然感覺有點弄錯了，但效果比想像得還更顯著。煩悶確實都流走了，對吧？想像真是厲害，不論好壞，都讓我實際感受到自己擁有強大的力量。

增加一些不起眼的因應方式

重複聆聽錄影存檔，並將寫有講座詳細內容的《壓力自救：運用正念，改變基模，擺脫一切痛苦感受》當作講義，這樣也許會帶來如同預習及複習一般的效果。每天都聽見伊藤小姐的聲音，感覺就像與私人教練一起勤奮地埋首於思考訓練一樣，因為有著並肩同行的存在，讓我覺得自己能夠走完全程。伊藤小姐有時候會提到自身的經驗，讓我總覺得她彷彿是這條（不安定的）路途上能夠信賴的前輩。我感受到對方非常認真地關心我的狀況，並陪伴著我一起思考（不只有我，一定有許多人都有這種感受吧）。我深深感受到對方非常認真地關心我的狀況，並陪伴著我一起思考。我一邊內心顫動，一邊全神貫注地聆聽。

伊藤小姐不斷重複：「不起眼的因應方式很好」。例如，雖然去高級溫泉旅館也很好，但如果沒有預算與時間去不了，這種「做不到」的心情就有可能會成為壓力源（帶來壓力的事物）。取而代之，購買稍微貴一點的泡澡球也算是一種因應方式；想像自己泡在那溫泉中的樣子，也是一種因應方式；當然，晚上泡在溶入了好聞泡澡球的熱水澡中，也是一種因應方式。這種因應方式不只包括行為，還包含了「想像」、「轉變念頭」這種認知方面的事物，因此只要事先從這兩方面來想，增加因應方式的清單，就能夠應對日常的壓力。

在那堂講座中，聽到伊藤小姐分享自身的因應方法後，我也採用了其中一個方法：創設一個不追蹤任何人、也不被任何人追蹤的社群網站帳號，當討厭的事浮現於腦海時，就將其寫在上面，並且釋放掉這些討厭的事。一開始成了我自己看了也想嘔吐的時間軸，就像骯髒的廁所一樣讓人煩躁，不過上傳完貼文後我不會回頭查看，我就只是寫下「煩死了」或「糟透了」這類話後按下送出，並將那個瞬間想像成是壓下了馬桶的沖水把手、沖掉了糞便一般，彷彿這些事嘩地一聲都被沖走了（這是一種被稱為「糞便冥想」的正念方法）。

令我驚訝的是，明明將煩悶的事物放在腦中會讓人難受，但將其外化後，只要想像它「被沖走而消失」，就能感到如此舒暢。人的想像力真的是超越想像啊。

此外，以此為契機，我下定決心試著整理頗具有依存傾向的社群網站。因為完全不使用社群也可能會成為壓力，所以我將看到後會覺得胸口刺痛的貼文和帳號靜音了。幾天內，原本常常感覺像是被他人批判、被指出愚蠢的時間軸，搖身一變成了如瀨戶內海般平靜無波瀾、無限風平浪靜的狀態。雖然感覺與世界脫節，但身為一個已脫離戰線的病人，這樣不是很好嗎？

將社群網站設定成像是療養院的場所，將其運用在因應方法的一環。我最喜歡的因應方式是騎腳踏車到海邊附近的公園，拍攝漂浮在藍天中的雲朵，喀嚓一聲會讓胸口突然湧入暖流，我也非常喜歡將這些照片上傳到社群網站欣賞。

以伊藤小姐的講座作為開端，在我的日常生活中，因應壓力的機會有了飛躍的增加。只有在想到或心血來潮時才做，我也不會忘記這種放鬆的態度。

在小房間裡萌芽的事物

在這個房間度過時間也是一種因應方式。在那間讓人感到絕對安心的工作室裡的 iMac 24吋螢幕，配備高規格的顯示器和音響系統，是我看最愛的韓劇的最佳選擇。收看輕鬆的愛情喜劇，或是常見那種貼切描寫親子與家人間的無奈卻又帶點幽默的作品，對我來說也是一種高機率有效的因應方式。

因此，我常常早上起床從自家出發到工作場所後，躺在家裡沒有的沙發床上，按下戲劇的播放鍵，盡情地哭泣歡笑渡過一天，晚上再回家裡。我覺得自己全力地實行「什麼都不做」，生產力的數值低到如果拿來挖井，可能都能到達南半球。

感覺就像是待在溫泉飯店進行溫泉療養一樣。我彷彿像是停不下來、過度活動的刺蝟，迎來了五十歲，人生的種種經歷讓我全身傷痕累累。然而，遍體鱗傷的我現在甚至不曉得自己哪裡在作痛。對我來說這個房間就像是《神隱少女》中的澡堂，所以「什麼都不做」也無妨，我盡量像這樣肯定自己。

在伊藤繪美的《壓力自救：運用正念，改變基模，擺脫一切痛苦感受》中有著這樣的內容：

「自我照顧重要的不是『不依賴任何人，只靠自己一個人照顧自己』。

（略）為了自我照顧而依靠他人的幫忙，或是與家人朋友一起談談彼此有關自我照顧的事，這些活動十分重要。我們是互相幫忙、攜手活下去的存在。在人與人的互動中，依靠他人幫助的同時，也要能好好進行自我照顧，這樣就好了。這件事非常重要，請務必一直記著。」

與人的互動……這樣啊，見想見的人也是一種自我照顧。如果是在這間房間，我能夠隨時和任何人見面。

雖然 iMac 的 24 吋顯示器不能好好使用在「寫作工作」上，但說起來，如果在 Zoom 等平台上將畫面切換到全螢幕顯示，我發現會感受到一種臨場感，隔著螢幕的對方彷佛就像在眼前一樣。

我聯絡了突然想見的人，坐在螢幕前開始了這樣的對話：「好久不見」、「過得好嗎？」、「過得不好，真難為情……」。每次和喜歡的人見面，心就會怦怦地跳，那一刻我能擺脫自我的束縛，感覺相當不錯。

當24吋螢幕成了與人見面的「窗戶」，在房間的感受也產生了變化。當我與人在這碰面時，感覺這個房間的地板上突然冒出了小小的綠芽。明明是沒人會來、只有我自己一人的空間，但彷彿在這裡誕生了有機的氣息。雖然是連名字都不知道的小芽，但在這日照良好、窗戶大的房間內各處，葉子正一點一點地慢慢擴大，茁壯成長。透過視窗見面的人的聲音，就像是在幫忙那綠芽進行光合作用。

通勤前往那個房間時，有時碰巧遇見自家附近開御好燒店的老闆，或是給我帶來與嘶嘶緣分的米店女老闆。他們向我搭話說到，大家聽聞我有點疲倦，都有點擔心。

丈夫擔心我，向親近的人說了這些事，這讓我感到驚訝，因為我一直以為那個人只對自己有興趣而已。雖然無法好好形容，但那是個不壞的驚喜。從他人口中得知自己正被某人掛慮著，總覺得這件事給人一種不可思議的溫暖，讓我幾乎快哭了出來。

與朋友的相遇

從四月開始，我與細川貂貂開始頻繁聯繫。我參加了開放式對話相關的活動；貂貂小姐則一邊主辦著「不擅長生活的聚會」一邊重新檢視這個場域。我們各自抱持著這種課題，偶爾見面互相報告。

六月有幾場開放式對話相關的活動，我盡量去參加後，連續看見了石田月美的名字。月美小姐患有進食障礙、對人恐懼症等等幾項精神疾病，她的著作《憂鬱婚姻!!》中，充滿了像「我們需要的不是『款待』，而是『拒絕』」和「有活力地休息」這樣的金句，是令我深受感動的一本書。她透過以結婚為目的所進行的活動，來摸索與社會建立聯繫的方法，甚至還試圖向夥伴們傳遞這些方法，使我感覺她是一個充滿熱情的人。

我和她是透過彼此的著作相識的，幾年前開始就在社群網站上有所連繫，但直到那年年初，她也參加了磯野真穗的線上系列講座，我們碰巧在同一個分組討論室，才有這個因緣見面打一次招呼。

當時的我正處於身心出狀況的暴風雨當中，漂浮感也很嚴重，結果總共五次的講座，我幾乎都將視訊畫面關閉，不得不只用耳朵參加，但在和月美小姐見面那次，我特意打開了視訊畫面。多虧於此，雖然是透過螢幕畫面，但總算能與對方見面了。因為這是痛苦漩渦中少數的美好回憶，所以在開放式對話相關的活動看見月美小姐的名字時，總覺得很高興。

聽完某個活動後，我們用社群網站的私訊功能稍微小聊了一下，覺得活動很有趣。話題就這樣延續下去，忽然之間就開始了這樣的對話：「這看起來不錯呢！」、「不知道做不做得到，但先試試看吧？」、「那就做吧！」

我立刻聯絡了貂貂小姐：「和月美一起進行看看如何？」並得到了回覆：「她是憂鬱婚姻的作者對吧？感覺很有趣！」月美小姐還考慮了另一位成員候選人，並向對方詢問了意願。她提案的第四位成員是身為採訪記者的鈴木大介。正值八月盂蘭盆節時，我們透過 Zoom 聚在一起碰面。

第一次進行開放式對話

我有在關注年輕人、尤其是女性的貧困問題，最常閱讀的就是鈴木大介的著作。

鈴木大介這位採訪記者與眾不同之處在於，讀他的書時，會感覺採訪對象與採訪者的界線很曖昧，他本把自己擺在「被採訪的當事人」的姿態，讓人深感震撼。因為有很多採訪對象處於灰色地帶，差一點點就會越過界線，因此作為採訪者的大介先生自己也慎重到不曾露面的程度。

我記得，他開始公開露面，是在他四十一歲因腦梗塞倒下，因為高等腦功能障礙的問題撰寫了《腦袋壞了》這本書之後。因為我父親也有同樣的病症與障礙，所以我讀來也感受到強烈的衝擊。

他後來寫了《即便如此，親愛的妻子》，描述自己與患有「成人發展障礙」的伴侶的相處之道。而我參加了這本書的出版紀念活動，那是二〇一八年的事了，當時我們見過一次面。雖然時間已久遠，但對我來說大介先生也是一個特別的存在。當我聽到月美小姐提出的成員候選人是他的名字，我非常震驚，並感受到了不可思議的緣分。

話說回來，貂貂小姐也擁有許多描寫自己困擾經驗的著作，在我看來，其他三人全都是擁有「極度困擾」的人。

像我這樣程度的困擾……事到如今我才越發感到不安。然而，在第一次見面時聊了幾句代替自我介紹後，結果其他三人一致同意：「目前看起來最困擾的人似乎是青山小姐，所以就由青山小姐擔任述說困擾的人（諮詢者）來開始開放式對話吧。」

比起罹患高等腦功能障礙、憂鬱症、進食障礙或發展障礙的大家，此時此刻的我是最困擾的嗎？雖然被這樣認定，但我感受到強烈的安心感與鼓舞，作為「困擾者」的自信再次湧出，彷彿他們已經幾乎聽完我所有的故事了。然後我安心地邊哭邊吐露出像是抱怨及軟弱的心聲，讓大家只管聽我傾訴，也讓他們告訴我聽完後的感想。

這個經驗直至今日我都難以好好形容，要說什麼都沒有，還真的什麼都沒有，只有說話的聲音以及理所當然的時間流逝，除此之外，嗯……很難表達。

「開放式對話」是一種「對話手段」，集結多人進行談話與傾聽，基本上也可以說就只有這些。如果大家能共有這些簡單的對話規則：「不否定他人的經驗或故事」、「不批判」及「不說服或給建議」，即便不用特殊道具，只要人聚在一起便會產生那種場域。

開放式對話的特徵也許可以說是其獨特的流程：「反思對談」。在集合場地中，參加者會以平等的姿態坐下，彼此能看得到對方的臉。接下來，首先由諮詢者先講想說的話，而僅由「負責聆聽的」成員各自交流其感受，這就是反思對談。對於諮詢者來說，當面「聆聽關於自己的談話」簡直變得像在聽別人的故事一樣。

一直以來，我認為要適度地夾雜提問或附和，讓話語像傳接球般來回才算是「好的對話」。然而，在「說話」和「傾聽」被區分開來、不會被打斷對話的場所中，即便內容支離破碎，仍感覺自己能夠「把話說完」。明明話題沒有得出結論，但卻似乎體會到一種「被傾聽了」的感覺。

一開始會對那種不著邊際的感覺感到不可思議，但我也發現，體感上這樣的場域能帶來徹底的安心感，成為一個「有歸屬感的場所」，因此我覺得自己能夠在這放聲哭泣。

即便不會得到建議，但仍能感受到共鳴與為我擔心的感覺。「即使無法在這裡得出結論或解決問題，我們還是要一起思考下去」，這句話傳遞出鼓舞人心的感覺。而更令人感到深刻的還是超越了這些事的氛圍。

講完「兩週後見」、決定好下次的時間並關閉畫面後，前所未有的無力感向我襲來。彷彿像是迷失在叢林中時，遇到了突如其來的暴風雨，雖然變成了落湯雞、感到疲倦，但抬頭一看天空萬里無雲，總覺得身心靈都輕盈了起來，感覺像是附在身上的邪魔稍微退去了一些。

除了上述的體感外，我記得某天從工作場所「下班」回家時，不明所以地突然想走看看和平常不同的路線，雖然會繞路，但我尊重自己「想要這麼做」的選擇。很抱歉都在講這種事情，但我真的不清楚原因，不過從那天起，我的每個小選擇開始逐漸有所改變。

也許是因為聽到了立場完全不同的人截然不同的感想（話語）吧。貂貂小姐、月美小姐與大介先生三人，想法驚人地不同，換句話說，他們的話完全不投機，不過即便如此，不知為何我卻覺得這樣沒什麼不好

我自從狀態變得不佳以來，就對自己缺乏一致性感到困惑。思慮不成熟，有時會失控，心情陰晴不定，不了解自我。在開放式對話中與思考方式和我大相徑庭的其他三人談話時，從「這個人和我不同」的感覺中再次發現「我」是什麼樣的人。

雖然我不懂自己，但「我懂得感受自己與他人的不同」。即便這件事非常迂迴又微小，但我相信這是確切的事情。正因為有人能和我共有這件事，我才

能夠相信。

總之這不是壞事，而是相當不錯的一件事。我確信繼續下去對自己是件非常好的事情。我執著地不停重複，即便我不明白原因為何。

話說回來，其實在我定期看診的精神科診所等候室中，《漫畫 讓人想試試的開放式對話》一開賣便被陳列在書架上。我要租房的時候也像這樣，當我要開始做某事時，便會向醫生討論或報告任何事，因為我會感到不安，擔心如果要做的事對我並不好的話該怎麼辦。

當我想開始試試開放式對話的時候也是一樣，向醫生討論後，得到了這個回答：「欸～聽起來很有趣，之後再報告給我聽聽～」實際試了以後向他報告時，即便他問我是否有趣，我卻只能回答說自己也不清楚。畢竟大家都是一般人，本來就不知道正確答案⋯⋯。

「在不被否定的情況下有人聽我說話，感覺並不壞，雖然我也不太清楚……」

「你有什麼想說的嗎？」

「超多的！」

「那就找人聽你說話吧，之後再告訴我進展吧～」

開始進行開放式對話後，總覺得與醫生說話時的節奏也趨緩了。我曾想：即便在看診時間內沒說，那就等開放式對話時再讓大家聽我說就好。

人與人之間確實存在著緣分和相遇的時機。開始進行開放式對話隔天傍晚，我收到了一封郵件。寄件人是工作上有來往過的雜誌編輯，雖然年紀比我小一輪，但她是個工作能力強的女性。郵件內容是禮貌的離職通知。雖然我只有和她往來過一次，但我記得與她的互動格外密切，所以我回覆了這樣的內容：「其實我因身心狀況不佳而正在休息中，那段時間我也承蒙妳的照顧了。」我馬上又收到了信，才得知她也同樣因為身心靈疲乏而導致停職。

「這樣啊？很難熬吧，辛苦你了。」從這樣的互動中，話題自然地變成「我們就難得拋開工作來聊聊天吧」，於是我們馬上在線上見面，發現彼此的興致都很低迷且狀況不佳的症狀相似，這些共通點讓人感到震驚，使我們兩人淚流，覺得彼此是「同志啊！」

最重要的是，除了那些共同的辛苦外，我們對韓劇和電影有相同的興趣，完全意氣相投。我和她（Aya 小姐）好像一下子成為了聊天多年的知心好友，自那之後我們就會彼此談心。

因為我們是身心狀況糟糕的夥伴，假設對方沒有立刻回信，即便不用說出口，也能理解對方是連在手機打字都感到負擔的難受，這讓我感到很輕鬆。

隨著互動增多，我漸漸瞭解到，出於她至今從事的工作性質以及個人的原因，她對心理健康有著極高的關注，也具備豐富的知識。當聊到開放式對話時，她提到雖然採訪主題並非開放式對話，但她曾經採訪過一位實踐者。

「難得有機會，一起做做看吧！」「就這麼決定了。」

自此之後，Aya 小姐成為了進行開放式對話的夥伴。和她一起組成的第一個小組中，有一位名叫牟田都子女士的校對者，她對待語言的態度、摸索與探求語言力量的真摯，讓我對她有絕對的信任（對我來說，她也是那個願意傾聽我哭訴的人之一）。此外，還有一位是前橄欖球日本代表選手平尾剛先生，這位朋友具有能以「身體性」來理解話語的超群感知，以及接觸話語時的細膩處理，都讓我對他充滿敬意。獲得了這些夥伴，讓我在十月振作了起來。我覺得這全部的發展，就像融雪後的水滴匯聚成小河流一般，彷彿一切都在非常自然且理所當然的不可思議中誕生了。

推動自己的那一本書

忽然具體開始與人產生互動是九月上旬的事，當時我遇見了一本書，那是非小說類作家川內有緒的新書《與眼睛看不見的白鳥先生一起看見藝術》（以下簡稱《白鳥先生與藝術》）。她將在聯合國工作時住在巴黎的經驗寫成隨筆《在巴黎的聯合國啃食夢想》；另一本書以世界為舞台，關於與重要之人告別，或者說是在告別之後的故事《撒骨於晴空》，我是這兩本作品的粉絲。

我在社群網站上追蹤的波魯貝尼書店（ポルベニールブックストア），在神奈川縣的大船掛有寫著「對話的書店」的招牌，我向這家店預購的那本書在上市當天送到到我手上。

故事從有緒小姐二十年的友人、喜歡精緻藝術的Mighty（佐藤麻衣子）的一句話開始：「與白鳥先生欣賞作品真的好快樂啊！」標題提到的主角白鳥健二是一年會去美術館數十次的全盲的藝術鑑賞家。如果直接一點描述他的美術鑑賞喜好，他喜歡的是那些讓人「搞不懂」的作品。

但是話說回來，「看不見」的人要「看」作品是怎麼一回事呢？因為我無法理解，不禁好奇地讀下去。《白鳥先生與藝術》就以「難以理解」作為關鍵字貫穿整本書。

從印象派的繪畫到現代藝術家的裝置藝術作品，每一章欣賞的作品類型都不同，一起鑑賞作品的夥伴成員也會改變，所以不會感到膩、很快樂，各個章節就像是單篇漫畫，閱讀時可以維持良好的節奏，對於像我這樣如同「無重力」般完全沒有集中力的狀態來說，這實在讓人感到欣慰。內容真的十分有趣，有趣到讓我每讀一章就忍不住到社群網站發文的程度。

我突然想起在諮商師伊藤繪美的講座中，聽說她自己也在採用的一個練習，叫做「推」。向他人談論或展示自己喜歡的人事物，能讓人心情變好，感覺不錯。話說自從我狀況開始變得不佳後，雖然我只會像這樣用「好厲害」、「好有趣」這種詞彙貧乏的方式表達，但我依然持續熱情地「推」自己喜愛的書籍。看來

「推」也許是一件不錯的事。

就在某一天，我聽聞在福岡的唐人街書店「虎狐」樓上經營補習班的鳥羽和久，以《白鳥先生與藝術》為主題，找了有緒小姐舉辦座談會，我感到很驚訝。

正如我在第三章中寫到的，鳥羽和久的著作《父母親有時也是孩子》是一本與我的人生相關的特別書籍。為什麼親子關係會如此痛苦呢？從鳥羽先生所說的「父母不是父母，而是過去的小孩」這點讓我獲得了很多啟發。鳥羽先生竟然要與有緒小姐進行對談……作為兩個人的粉絲，屁股再怎麼沉重也得從座位上抬起來了。我不假思索地訂了新幹線的車票。

十月三日，我在福岡亞洲美術館第一次見到有緒小姐。其實，因為一些緣分，我私底下認識了說出那句「與白鳥先生欣賞作品真的好快樂啊！」的Mighty小姐（但我是在書本出版以後才知道這件事的）。雖然我們已經有過幾次言語上的交流，但這是第一次見到Mighty小姐，讓我非常感動。即便

Mighty小姐小我一輪左右，但稍微聊一會兒就瞬間知道我們「合得來」。成為大人以後，還能交到年齡與職業都不同的朋友，我感到格外開心。

再者，那次福岡行是我狀況變得不佳以後第一次遠行。我對那裡不熟，精神上又很疲勞，萬一我倒下去的話……這些煩惱又讓我的不安過度膨脹，不過在我主辦的文章講座中，有兩位學員計劃前往當地，他們主動向我表示會幫助我。那兩位都是精通身心的針灸醫師，讓我能將自己不佳的狀況完全傳達給他們，所以當天真的受到他們的照顧了，甚至直到我坐上回程的電車為止，都在背後守護著我。

見到想見的人、感受到了人們的溫柔，也聽了著鳥羽先生和有緒小姐的深入研究、滿溢著知性與幽默的座談會，搭上新幹線後，我坐在椅子上回顧這一整天，發現自己竟然可以像這樣動起來……這讓我感動到幾近淚流。

這同時也與自信有所關聯，雖然仍然會浮現「我做不到」、「說不定做不到」這種不安，但「我已經做出行動」的這個事實卻是真實存在的。只要累積這種微小的事實，就能產生微小的自信，就像這樣慢慢增加自信吧。

與他人互動並活動的期間，思考就不會待在「自己身上」，也會減少被自己的事所束縛的時間。對，這樣沒什麼不好。

「我變了」的事實

十月與十一月時，隨著自己參與的小組漸漸增加，我再次重讀《漫畫 讓人想試試的開放式對話》，並且盡量積極申請參加相關的活動。其中，我也盡可能去聽由精神科醫師齋藤環、精神科醫師兼針灸師森川水明演說的線上活動。

尤其是森川水明九月上旬上市的《開放式對話——我們是這樣做的》，新書發表會的模擬角色扮演，對我非常有參考價值。看到包含森川先生、負責《漫

畫 讓人想試試的開放式對話》插圖的水谷綠、心理衛生社工村井美和子，以及負責編輯的出版社醫學書院的白石正明等共六位所組成的演員陣容，演繹出有困難的家庭和醫療團隊的模樣，讓我感覺自己好像第一次對實體演練做好了心理準備。特別是森川先生那種細膩且用心營造場域的方式，我能夠切身感受到大家對沉默的重視，這對我來說意義重大。

在那之後，我參與的小組越來越多，小組成員多半只有差不多四人，每個月會舉辦一到兩次開放式對話。對話內容不僅限於困擾的事，而是由當下的大家來決定，也曾有幾天沒有特別決定主題，只是漫無目的的聊天。

有時這只像是個聊天聚會，也像是討論共通煩惱的自助團體，或者像研究某個主題的讀書會，也有時候像是書籍及電影等等興趣的心得發表會。對話內容不拘，只要約好繼續見面就好。最重要的是，能與形形色色的朋友持續維持這樣的聚會「場域」，僅僅是一起度過時光便能產生安心感，這對我來說沒什麼不好。

懷著求救的心情開始了開放式對話，但感覺若設定明確的目標反而「不太對」，於是我將「參與互動」放在最優先，無論如何都要「先見面」。

於是，十二月再次到來了。

藉著尾牙聚餐的名義，人們相互邀約，實體聚餐的機會久違地增加了。不過，因為漂浮感導致噁心，所以我無法喝酒，也會避免晚上出門。「我只能約白天的午餐，這樣可以嗎？」我像這樣與親近的人吐露暈眩及身心狀況不佳的事情，這對我來說有一種良好的感受。

年末年初還是一樣默默地度過，但試著回想起一年前，我與那個幾乎緊閉心房、關在殼中的自己有著很大的差別。雖然還是會暈眩，也說不上非常有精神，但我確實「不一樣了」，我真實感受到了「這樣沒什麼不好」，這樣暫時算是OK，對吧？

迎接二〇二二年的一月，我參加了人類學家磯野真穗的線上系列講座：「提升傾聽的能力」。一年前，我很期待磯野小姐的講座，但我卻連電腦螢幕都看不了，幾乎沒辦法參加，所以這次我抱持著想要雪恥的強烈心情。

第二次參加雖然情況還是不穩定，但我這次聽完了每一回的講座（我發自內心感到開心）。我還參加了民族誌訪談的實際演練，那是在文化人類學的田野調查中使用的一種質性研究方法，我與被分到同組的成員彼此之間獲得了類似奇蹟般的感受，那種感受彷彿就像是獲贈了珍貴的禮物一般。

磯野小姐營造場域的方法也總是讓我深受感動，她用純粹而清澈的目光，不錯過那瞬間誕生的任何事物，真摯且細膩地對待每一個場域。感覺就像是清爽的雨滴落到了自己身體的深處一般，感受非常良好。

一年前的此時，二十多年前的震災經驗歷歷在目，幾年前陪伴母親臨終的記憶也不斷倒帶重現，停不下來，不過不知為何，那樣的事情已不再發生，但我也沒有遺忘，在回想起各種往事時仍感到心痛，我為母親的安息祈禱，內心平靜地雙手合十。

試著回顧這一年，雖然彷彿像一轉眼的事，但很多日子我都覺得一整天漫長得像是沒有盡頭一樣，似乎只留下了自己總是竭盡全力、拚命活著的記憶。

想到那段日子自己如此全力以赴地活著，讓我為這拚命的自己流下了眼淚。淚中不僅僅包含痛苦與悲傷，還帶著一絲安心的複雜溫度。

從現在開始，這一年我仍然得拚命地活著。懷抱著對人生的畏懼與期待，迎來了二月的五十一歲生日。丈夫還外帶了我最喜歡壽司店的上等握壽司回家。

「好吃到我快哭出來了。」

「你能說『好吃』、開心地享用，這比什麼都重要。」

因為丈夫說出了像是老店餐廳的女老闆被採訪時會說的話，讓我不由得笑了出來。這是我五十歲生日時想像不到的安穩。

現在想想，這一年不論是家務或是任何事，都有丈夫支持著我。他會用得意洋洋的表情為連吃飯都提不起勁的我做我可能會喜歡的料理，讓我覺得自己逐漸能嚐到飯的味道。「一直以來非常謝謝你」我在心中低聲自語。

電影〈監獄圈〉帶來的衝擊

二月時，發生了另一件對我來說影響重大的事情，那就是我參加了坂上香導演的電影〈監獄圈〉放映會，二〇二〇年上映時我錯過了，自那之後我一直非常想看這部電影。京都的龍谷大學犯罪學研究中心是共同主辦，因為辦在距離神戶有些遙遠的深草校區，所以考量到回程的時間，當下我也有點擔心自己的體力是否能夠負荷，但還好我有下定決心前往。

拍攝場所是一座名為「島根朝日促進回歸社會中心」的官民合作新型監獄，

這裡是TC（Therapeutic Community）治療性社區，這部電影就是取材這個實踐計畫的紀錄片。由對生活感到困難的人自己建立的TC（治療性社區）計劃，旨在創造一個平等對話的共同體，促進成員康復，這個計畫不會使用特殊的道具，而是會平等地配置及擺放椅子，坐在上面的人基本上就是要「說話」及「傾聽」。

傷害過他人的人並不理解自己做了什麼，他們（看起來）對「自己」的存在敷衍了事，連自己為什麼會犯罪都不明白。

在進行TC計畫的過程中，當傷害過他人的人意識到自己過去也曾被某人傷害時，至今那些無法言喻的事情第一次化為言語。在這過程中，人們失去言語，也同時找回言語。這是一部見證這樣瞬間的作品。雖然人們身上的傷口是由他人所造成的，但要讓傷口復原仍得靠他人的話語。

正如「治療性社區」字面上的意思，只靠自己一個人無法做到、必須和他人一起共同面對自己內心的過程，具有重要的意義。有一句常被使用到的修辭叫做「觸及到靈魂深處」，對我來說，欣賞〈監獄圈〉獲得的正是這種感受，和我閱讀泰拉．維斯托的《垃圾場長大的自學人生》時所獲得的衝擊相同。

此外，在「對話實踐」這一點上，與我開始進行開放式對話時、在場域中所獲得的感受有許多共通點，這或許也是我深受吸引的原因之一。

再者，還有一個重要的因素震撼了我。在作品裡作為舞台的監獄場合中，透過罪行清楚地呈現出「加害者」與「被害者」這兩種不同立場。然而，「加害者性質」與「被害者性質」卻不能明確地劃分開來，一個人的內心會混雜著「既是加害者也是被害者」兩種相反的立場。

看這部電影時，我覺得自己內心的「被害者性質」與「加害者性質」各自產生劇痛，像是內臟被翻攪一般。我直覺感受到，這也是深藏在我心底的某種事物。光是感受到這點，就覺得不行了，自己的內心劇烈動搖，好可怕。

現在只要確認就好，而思考的部分就先暫時擱置吧。讓自己更打起精神及提升體力，並且不要獨自面對，與信任的夥伴一起，尋求他們的幫助來完成吧。

也許是多虧我花了一年勤奮地訓練內心，讓我總算能抑制住馬上就想要搞懂、渴望理解的自己。這件事也作為一個重要的事實，給我帶來了安心感。

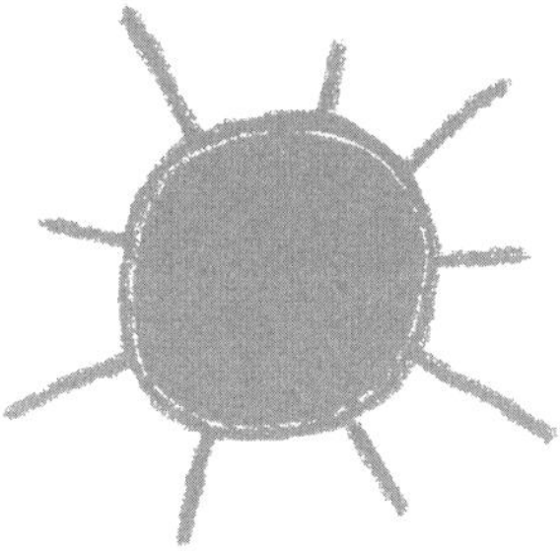

第七章

眩暈的冒險

以寫手和編輯維生的我，二〇二一年一月時不得不放棄大部分的「寫作」，至今過了不到一年的時間。雖然我一邊持續做著零碎的工作，但經濟方面的焦慮十分巨大。我覺得自己「沒有好好地在工作」而感到自責，而且收入銳減簡直是太恐怖了。

關於這個問題，我下定決心做的嘗試奏效了。我坦率地與最親近我、親眼目睹我的不適狀況的丈夫商量。

我會選擇這看似簡單卻意外困難的方法，也許是因為在與夥伴閒聊的場合中，聽到了各種人談到家庭內收入的差距，尤其是一邊工作一邊負責家事的女性所說的話。每當聽到這個話題，我就會對以「家務」為名的無償的勞動感到萬分憤慨，換作是我，我覺得自己也已經累積了相當程度的勞動存款。

某天，我決定向丈夫提出一個輕鬆的投資建議，作為平等立場的家庭共同經營者，我盡量表現得不卑微。雖然我是非自願，但以我現在的身體狀況難以靠自己賺錢糊口，所以我「請丈夫考慮看看無限期無利息無擔保的借貸」。

雖然丈夫有點不知所措，但他還是乾脆地回應：「好啊，要多少？」與其說是借貸，更像是他馬上投資了我，還附帶了一句鼓勵的話：「等妳狀態變好，又可以做想做的工作之後再還吧。」

二〇二一年的秋天，雖然還有一點點存款，但當資金匯入我快見底的戶頭後，我感覺心頭上一大片的黑色薄膜整片脫落下來。錢這種事，不論是夫婦或是家人之間都難以開口。要是沒有屢次從夥伴那聽到那些故事，我應該也提不出這種突然的投資建議吧。傾聽他人的話語果然很重要，我打從心底這麼想。

也許是多虧了能暫時「擱置」對金錢的擔憂，我才抑制住了對工作的焦慮，意識到自己可以只做些似乎辦得到或是想做的事（我覺得十分幸運）。

之前我出遠門前往福岡與作者川內有緒見面，就決定將此事納入撰寫《白鳥先生與藝術》的書評文章發表在網路媒體上，但等到我有心情書寫時已經過了兩個月，終於在十二月末寫完文章，並在年初時發表。我久違地「能撰寫出」有條理的文章，讓我感到非常安心。雖然還是難以深入觀察自己並寫下來，但如果是寫「喜歡的事物」或「喜歡的人」，我似乎就能寫得出來。

因此，我開始接下寫書評或人物介紹文章的案件，二〇二二年的春天，零星的收入開始一點一滴地增加。

感覺輕飄飄的真正原因是「浮動性眩暈」

每天累積一些微小的因應方式與正念（不需要特別意識到的行為），難受時就倒臥在工作房間內休息。即便焦慮仍時不時出現，也用「忘記」和「不在意」這兩張牌一次次將它化解，盡量停止對自己感到苦惱。就像這樣，猶如疲勞開放性骨折的身心狀況確實產生了變化，感覺也不壞，但我無論如何仍對某件事感到擔憂，那就是糾纏不放、如同漫步在雲上的漂浮感。我的身體一天到晚都像在搖晃般，這種輕微的頭暈感經常存在著，讓我想忘也忘不了，十分麻煩。

如果在意的話就會感到鬱悶，所以得分散注意力。像這樣讓情緒起起伏伏、不穩定又讓人感覺輕飄飄的頭暈，正是我感覺身體搖晃的感受來源。

眩暈也分成了不同類型，我是在身心靈中的「心」開始穩定下來時了解這件事的。二〇二二年四月的某天，我突然在圖書館看到了《靠飲食改善輕飄飄的眩暈》這本書。封面上放的不是用「頭上有漩渦」來表達頭暈的常見插圖，而是畫了一個搖搖晃晃的女生（難以用言語說明，但畫得非常好）。

這、這個人、這就是我……。

根據作者所述，頭暈依據發生機制（事物或反應發生的機制）的不同，大致可區分成兩種：「感覺眼花撩亂的回轉性眩暈」及「身體感覺輕飄飄的浮動性眩暈」。

浮動性眩暈？我第一次知道這個詞。剛開始閱讀「前言」，我就因為驚訝而感到頭昏。在日本，估計約有三千萬名眩暈患者，如果按人口比例推算，大約每四個人中就有一人受到眩暈困擾（儘管症狀之間會有所不同）。

竟然有這麼多?!

「其實，在這些人之中，屬於回轉性眩暈的約有八百萬至一千萬人，而有兩千萬至兩千兩百萬人屬於浮動性眩暈。」

兩千兩百萬人……，

老實說這數字單位大到我難以想像，但總之我了解到（籠統來說）我有許多同伴，我竟奇妙地感到安心而泛淚。我覺得這種疲憊及不舒適沒有人能夠理解時，縈繞在旁的孤獨比什麼都要來得痛苦。

在飛機上碰到亂流時，那一瞬間身體會感覺像是失重般「輕飄飄」。乘坐電車或車子時，如果突然急踩剎車，好像會有一種身體不由得向前傾的搖晃感。即便躺下來或起身，我都老是有這種全身沒有協調運作的感覺。如果能有辦法能解決，我真的由衷地想要設法改善。

我將「浮動性眩暈」一詞當作護身符一樣懷抱在心上，我搖搖晃晃地，不，應該說是輕飄飄地再次前往醫院。

再一次，行腳醫院

正如閱讀到這邊的各位讀者所知，我會隨意地去看醫生。雖然有許多人討厭醫院，但不知為何我很喜歡聽專家說的話，我對醫院的印象是，那裡是一個能與身體各部位的專家的一對一進行談話的場所。

也許這與寫手的工作性質很像，類似採訪要事先透過書籍或網路預習，並將自己吸收後咀嚼的內容在腦海中整理好，再依此提出問題及驗證。

或許那是出自於好奇心。當我去醫院時，我想要了解的素材就是「自己」。我也不會抱有太多期待，不論是否如願，就結果而論，我認為這裡是讓「我能了解自己想要知道的事情」的地方。

從年紀上來看，我仍會懷疑自己還在經歷更年期症候群，所以首先到了常去的婦產科診所報到。抽血檢查的結果顯示雌激素數值和上次不同，確認我已經進入更年期。然而，診斷的結果仍然與我所訴說的頭暈情況不太符合。

雖然已經不太會發生像恐慌症發作般劇烈的心悸，但由於我的血壓維持在稍微偏高的微妙狀態，所以改將目標鎖定在心臟，前往了心血管科。又再次懷疑可能是腦部本身出現異常，於是前往了腦神經外科，並在時隔十五年後再次進行了腦部磁振造影檢查。就像檢查細微的零件一樣，逐一排除專門的診療項目，並在各個診療科接受相應的檢查後，我確信了一件事：我的身體正隨著年齡逐漸老化（啊，這未免太理所當然了）。

「其他沒什麼特別的問題喔。」

「這樣啊……，太好了……。」

完全沒有令人在意的數值或陰影，數據上完全「沒有異常」。打從心底感到喜悅的同時，也像是在地圖上確認過位置、卻發現找尋的東西並不在那，有一種過於微妙的氣餒。

醫生們全都不約而同地露出困惑的苦笑說：「不過從外觀上看不出來在搖晃啊，你很在意這樣的情況嗎？」

「T醫生，我似乎還算健康。」

在我定期因心理問題就診時，我向T醫生報告了檢查結果，T醫生果然帶著微妙的表情回答了我：「太好了，嗯」。自從二〇二〇年十二月我的狀態變得異常後，已經過了一年半左右，醫生盯著逐漸改變的我的病歷，悄聲地說：

「到底是怎麼回事呢，那種搖晃感？好像也不是心理因素引起的呢。」

「什麼？但真的在搖晃著，我現在就感覺輕飄飄的。那麼這是我的錯覺嗎？不對，意思是這不是心理作用嗎？」

太、太複雜了……。

與眩暈專科醫師的相遇

不輕易放棄算是我不好的習慣，但這次的情況讓我想稱讚自己。我決定這次就是最後一次了，在某家等了三週才預約到的醫院進行了精密檢查的結果中，我在科學數據化的圖表上，終於看到了那微量的晃動。

稍微回溯一下，這一切的開端來自於在心血管科診間中的對話。心臟沒什麼異常，真慶幸。「果然是這樣啊……」這明明是個可以由衷感到安心的狀況，但我感到鬆一口氣的同時，胸口深處依然感到不安。最終我還是不明白這種感覺輕飄飄的頭暈的原因為何啊。也許是為了安慰明顯情緒低落、垂頭喪氣的患者：

「雖然這樣說可能不太好，但青山小姐看起來並不像有什麼重病。怎麼說呢，妳似乎只是被『頭暈』困擾，但這也不是心理因素引起的。接下來應該是去眩暈專門的醫院吧。」醫生嘟噥地說。

眩、眩、眩暈專門的醫院？

一開始就去那邊看病不就好了嗎？我感覺自己至今以來造訪醫院都是徒勞無功，真令人難受……。為了鼓勵情緒急遽低落的我，醫生說：「即便是專門的醫院，大概也會全身都檢查一遍，包括與年紀相關的更年期賀爾蒙數值，或是腦部磁振造影檢查，因為頭暈的原因還是有可能是重病。我也會開診斷證明書，而且到目前為止所有的檢查數據反而都會是重要的資料喔。」

這樣啊，原來我先做完了必要的檢查了啊。感到在意的話就去醫院看看，果然還是有必要的啊。沒錯。和醫生說話讓我想起了一直卡在腦海角落的某個詞彙，那就是我在眩暈相關書籍中的作者簡介欄位看到的「日本眩暈平衡醫學會」。

回家後，我在電腦的搜尋欄位中輸入這個名稱，出現在最上面的是學會的官網，「眩暈諮詢醫生」的名單一位一位地列出來。

他們是被認定具有「眩暈相關專門知識及診斷技術」的醫師，換句話說就是眩暈的專家。眩暈諮詢醫生之中，也有被認定其研究成果豐碩的「專科會員」。如果是兼具臨床與研究的雙重身分的醫生，那他很可能就是眩暈問題的特搜最前線。我非常希望能讓這樣的醫生來幫我調查及診斷。本來想說就算遠一點也沒關係，但開始瀏覽那串名單後我卻感到震驚。最前線的醫生經營的其中一間診所，竟然在離我家非常近的地方。我喜歡的壓力應對方式是去靠近海邊的公園拍攝藍天與白雲的照片，而那間診所就在那座公園附近……。

從診所官網看來，院長醫生的專長是耳鼻喉科。對於感受到標準化的診療有其侷限性的我來說，「為受眩暈、耳鳴及重聽所困擾的你提供客製化的診斷」這段文案深深觸動了我的心。

「眩暈、耳鳴、重聽」這幾個詞也如一記直球般傳入我眼中。

在我之前的作品《稍微成為當事人》裡頭也有寫到，我天生患有遺傳性的輕度高頻聽力損失，聽不見某些聲音。我本來聽力就差，加上還有持續了約十五年嗡嗡作響的耳鳴，現在又患上眩暈。「眩暈、耳鳴、重聽」，這不正是我耳朵問題的三張牌嗎？就算找不到頭暈的線索，為了未來的耳朵健康著想，去看看也沒什麼壞處吧。

我下載了需事先填寫的問卷，發現「眩暈」、「耳鳴」及「共通」項目竟然總共有九張A4紙，題目設定得非常仔細，包含頭暈、搖晃感、自覺不便的程度、疼痛、壓力等等，強烈地傳達出診所的認真程度。我把好好寫滿狀況的九張紙和各診斷科的檢查數據整理到一個資料夾內，並在四月下旬時打開了眩暈診所的自動門。

如果要用一句話來形容這間明亮又乾淨的診所（以下稱為「眩暈醫院」），那就是非常平靜且周到。地板是吸音材質，聽不到啪嗒啪嗒的腳步聲，而且說明檢查和呼喊名字的聲音不會太大或太小聲，音色也很溫柔。「頭暈及耳鳴是外觀難以察覺的身體不適症狀，是一種細膩的感受喔，我能了解。」診所內充滿了能聽見這種聲音的細心照料。

在診間裡等待我的院長醫生，個子很小年約六十歲左右，身形纖細如柔韌的樹枝一般，膚色是健康的小麥色，讓人覺得可能是在山林或海邊曬出來的，長相貌似藝人堺正章。

「謝謝您在難受的情況下，還特地來到這裡。」

我被醫生特地從椅子上起身、禮貌地鞠躬的動作嚇到了，我還是第一次看過這種醫院。從豐富的神情與緩慢且清晰的發音中，可以感受到醫生長年與受耳朵問題困擾的人們接觸的溫柔關懷。與醫生見面才兩秒鐘，我就已經完全信任他了。

醫生的看診方式也讓人印象深刻。看病歷及傾聽患者這兩件事是分開的，看診時不會「同時進行」。他也不會打斷我的話，問題會等到我講完話以後才一個一個提出。我很少遇到認真「傾聽他人話語」到這種程度的人，更不用說是在適用保險的醫院診間了。

如此一來，看診時間就會拉長。雖然等待時間肯定會延長（例如預約時間到了還要等上兩個半小時），但或許是因為大家都同樣被傾聽著吧，患者們都能接受，沒有人說上半句怨言（也會擔心醫生的身體狀況）。

問診以後做了簡單的眼球震顫（眼球偏向一側後又轉回來時的動作）檢查，

「接下來要講的話可能會有點專業。」醫生這樣說道，然後開始解釋眩暈與耳朵之間的關係。

「耳朵由「外耳」、「中耳」及「內耳」所構成，主要具有兩個重要的功能。一個是搜集來自外界的聲音資訊並傳遞給大腦的聽覺功能，另一個是維持身體平衡的平衡功能。日常生活中，睡覺起床、走路、回頭、彎腰撿東西或是鞠躬低頭，當我們在進行那些不需要特別意識到的動作或姿勢時，內耳裡的三半規管及耳石器官會負責維持平衡的功能，避免我們搖晃或跌倒。」

醫生拿了內耳的模型並繼續說下去：「原因不明的眩暈可能是由於內耳的三半規管及耳石器官出了狀況所引起。我想集中在這兩個部位做精密的檢查，你覺得如何呢？」

當然好，我想接受檢查！

眩暈終於被視覺化了

雖然我分成兩天預約了幾種精密的檢查，但正好是在夾雜了黃金週的假期期間。對於像我這樣從小就習慣了這類聽力檢查的老鳥來說，也有很多檢查是第一次體驗。

其中一項檢查是使用紅外線攝影機來詳細檢查三半規管的功能。形狀像蝸牛的三半規管正如其名，是由三根半規管（前側、後側、外側）所構成的，每一根半規管都具有感知「旋轉」和「速度」的作用。

大腦透過雙耳內共計六個感測器（半規管）所搜集的資訊來感知「旋轉的方向」及「速度感」並進行調整，讓頭部即使左右搖晃，眼睛也能保持不暈。因此，回轉性眩暈通常是由於三半規管出了問題所引起的（與梅尼爾氏症的成因相同）。

檢查方法十分簡單，受檢者只要戴上像是飛行員一樣的厚重護目鏡，並坐在椅子上就好，但這就足夠讓我感到驚嚇了。站在正後方的施檢者雙手抓住戴著護目鏡的我的頭部並有力地晃動，像轉動插入式門鎖的鑰匙一樣，非常迅速地轉動。

「請盡量試著注意視線要保持直視。好，接下來你可能會嚇到，抱歉喔。」

在毫無視覺資訊的情況下，當頭部突然被猛烈甩動時，眼睛會瞬間不由自主地飄移，不過因為這個檢查是要觀察頭部移動後眼球的動作，所以眼睛飄移是正確的答案。就像挨了一拳的拳擊手那樣，臉會扭向一邊，包括上下左右、斜角及各個方向，如此就能得到三半規管（×2）的數據。

在進行控制眼睛移動、調查大腦及內耳作用的ENG檢查（眼振電圖檢查）中，我經歷了史上最頭暈目眩的體驗。這個檢查的做法也十分簡單。在眼睛周圍貼上電極片固定頭部，並在幾乎完全黑暗的暗室中，用雙眼追逐著光點指標，或是用眼球追蹤左右移動的線條（這種檢查機器通常只設置在像是大學附設醫院的那種大型醫院中）。

如果眨眼就無法獲得資料，所以這一個半小時內要盡量張開眼睛盯著看。快速移動的光點竟能激發出我隱藏於內心某處驚人的專注力。因為要用眼睛追逐著會引發眩暈的光線移動，大腦與內耳越是運作，眼花的情況就越加嚴重。結束以後，眼球乾澀得要命，眨個不停，感覺腦袋都變光滑了。

雖然我也曾在眼科做過要用眼睛追蹤光線的眼振電圖檢查，但如果一般的檢查是走三千步的距離，那精密檢查就像是跑十公里那樣巨量。

雖然覺得頭暈目眩，但多虧我還是跑完了所有的檢查，才讓我明白了幾件事。在六根三半規管中，似乎只有一根半規管的數值稍微低了一些。

很久以前，我左膝的前十字韌帶斷裂了。膝關節中有四條韌帶，所以雙腳加起來共有八條韌帶，雖說斷了一條韌帶，但只要不是運動員，日常生活其實不會受到太大的影響。「這兩件事是同樣道理嗎？」

「沒錯，正如你所說的那樣。」醫生斬釘截鐵地說道，並且用力點了點頭。因為還有那五根半規管支撐著，所以沒有什麼太需要擔心的地方。身體總是在我們不知不覺中彼此互助著。

因此，已經排除是三半規管造成回轉性頭暈的嫌疑。

「那麼，耳石器官呢……？」

醫生稍微停頓了一會兒才開始說：「耳石器官和感知重力方向有關。其中一項數據顯示出了一點點端倪，若用角度來比喻，有上下約五度的微小搖晃出現在圖表上。可以推測的是，由於耳石器官功能衰退，無法有效地調節重力平衡，才會產生了搖晃的感覺。」

醫生指著的螢幕中，其中一個圖表上畫著小小的鋸齒線條。

感覺輕飄飄、一瞬間失重般的漂浮感，原來正是這麼微妙的搖晃！這一年半以來一直無法好好用言語形容的感受，透過ＥＮＧ檢查的數據，以線條形式被視覺化，這讓我打從心底感動，科學太厲害了。

醫生又更加仔細地繼續說明。在檢查中，還專門針對閉眼時、也就是在沒有視覺資訊的「看不見的狀態」下，測量了我頭部的擺動。反過來說，當具有視覺資訊時，就不會表現出晃動。總而言之，在「看得見」的狀態下，眼睛所接收的資訊會傳送到大腦，身體會保持平衡，防止頭部晃動。

我一直認為用眼睛看來保持平衡是理所當然的事，雖然確實要用到眼睛，但其實內耳的耳石器官也是保持平衡團隊的主要成員之一。現狀是其中一位成員感到不適，所以團隊沒有好好運轉，大概是這種感覺吧。

再者，這次的檢查還讓我明白了一件事，那就是因為受到了成員耳石器的不適所影響，我的「眼睛」和「頭腦」擴大了守備範圍，調整著身體的平衡。

在眩暈醫院裡，我也重新了解了關於聽力的事情。在一般的聽力檢查（純音聽力檢查）中，會用嗶嗶或噗噗等等檢查聲來調查聽取「聲音」的能力；還有一種不同的檢查方法：「語音聽力檢查」，專門測試「ka（カ）」、「ba（バ）」、「shi（シ）」這種單一文字「語言」的聽取清晰度，這次是我第一次接受這項檢查。檢查結果顯示，我的情況是，數字越高代表越容易聽到「聲音」的純音聽力數值與「語言」的聽取清晰度並不成正比。

粗略地說，即使是本來的聽力等級聽不見的「聲音」，只要它是「語言」，我就「能聽見」。我自己猜想，過去即便錯過了別人的話語，我還是透過語境、說話的氛圍以及表情來視覺性地「聽取」，補足了聽覺。

好像確實是如此，再者，即便是沒有語境的單一文字，只要是「語言」的話，我的腦袋就能將它與「聲音」做出區別，進而聽見。因此，我是用在一般的聽力檢查中測不到的能力來「聽取」。這不是超能力，而是腦力。從小聽力較弱的人，似乎會有這樣的大腦發展傾向，這就像是長年以來「傾聽語言」的訓練成果一般。

「青山小姐的耳朵、眼睛及腦袋都非常努力。」

五十年了……身體的互助精神讓我有點想哭。

而且，不覺得「語言」很厲害嗎？謝謝從「聲音」孕育出「語言」的人。

從單腳跳開始的運動療法

回歸正題，眩暈是因作為重力感知器的耳石器官衰弱所引起，我終於瞭解原因了。究竟能否改善這個情況呢？醫生像是窺探了我氣餒的眼神，立刻回答道：「辦得到的，開始行動吧！」

總覺得我們宛如是大賽前設下目標的教練與選手，教練的建議是改善內耳運作的藥物及運動療法。

「我們會採取藥物治療與運動療法兩種策略。」

「好的。」

醫生目光集中，而我則幹勁十足。這樣的兩個人在眩暈醫院的診間中面對面。那麼，到底該做什麼運動好呢？

「說不定啊，也許妳會覺得這樣很蠢……，但能請妳單腳跳嗎？」

單、單腳跳？在摸不著頭緒的我面前，醫生像是紅鶴般猛地用單腳站立，以這個姿勢在診間中往斜角蹦、蹦、蹦地跳了三大步。他那像三級跳遠的選手一般有力又美麗的身體動作，讓我瞠目結舌。

在醫生的敦促下，我也試著模仿，結果嘗試單腳站立時，膝蓋無法支撐沈甸甸的身體，腳下搖搖晃晃。別說是紅鶴了，我簡直就像是壞掉的彌次郎兵衛[6]。雖然好不容易能夠用單腳站穩，並試著往正上方跳躍，咚、咚兩下，但

6　日本的傳統玩具，呈人字形，左右伸展的手上各掛著一個重物，用來保持平衡，是一種平衡玩具。

我卻覺得跳起來時，腳底和地板之間的距離連兩公分都不到。

「意外地很困難吧。」

醫生一邊關心著腋下濕透又稍微動搖的我，一邊給了我具體的建議。他說首先先用單腳跳跳看，習慣了之後再試著往前跳。如果能更進階的話，就在閉眼的情況下單腳跳。當然，這些動作都得在安全的地方進行，避免跌倒。不要勉強，慢慢來就好。

雖然醫生非常溫柔，但我卻從他那獲得了讓人驚訝不已的斯巴達式指導。

「頭可以往平常不會看的方向轉，就像迅速地將臉撇向一旁的感覺。」

如同在三半規管功能檢查中體驗到的那樣，醫生示範了像挨了勾拳或上勾拳的拳擊手般用力甩動頭部、讓眼睛快速移動的動作。那、那是我覺得最頭昏眼花的動作……。

「就像這樣沒錯！讓眼睛轉動到不同方向可以訓練腦部喔。」

看著看起來很開心的醫生，我終於靈機一動。這大概是訓練大腦的一種方式吧，讓我們即便在移動頭部時，未能靠內耳取得平衡，大腦也能從視覺接收資訊並進行補強。彷彿是互相丟接變化球或暴投的投手與捕手一樣，藉由眼睛與大腦重複進行資訊傳接球，身體會自然記住感覺的球路。道理也與重訓一樣，眼睛轉動越多，對抗「眩暈」的腦力就會提升，刻意引起的眩暈會成為一種良性的負荷。

多半和血液循環有關

藥物治療的部分，醫生開給了我「改善腦部血液循環」的藥。話說自從我心理出狀況以後，糾纏不休困擾著我的其中一個問題是嚴重的「手腳冰冷」。我持續服用中醫內科開的改善血液循環、讓身體暖和的藥，並在針灸診所進行調整自律神經並活化血液循環的治療。

不論到哪，我都被說血液循環很差。雖然我從不曾思考過（為什麼？）腦袋也屬於身體的一部分，所以也許會和胃腸一樣感到冰冷。這樣啊，腦袋啊，原來你也會冷啊……。

說到「血液循環」，總會讓我想起水谷綠的漫畫《成為精神科護理師的原因》，那部是我快翻爛了的作品（水谷小姐現在也是我的開放式對話夥伴）。

其中一位登場人物是一位也很重視身體生理層面健康的精神科醫生，他會為心靈受創的患者按摩肩膀，或是要他們在診療的空檔抽空跑步活動身體。

有一段場景是，身兼針灸醫師的那位「森田醫生」被主角護理師問道：「身心不適的原因是什麼呢？」時，他輕聲低語地說了一句話：「多半和血液循環有關。」

精神與生理，心理與身體，這兩者的運作其實都與「血液循環」息息相關。

使用「多半」一詞所帶來的曖昧尤其寫實，讓那一段場景一直縈繞在我心頭。

以我來說，我是因為心理出狀況而開始出現莫名的眩暈，但不論是「心理上的焦慮」或「身體不適」，其實都與流經全身的血流有關聯嗎？

「為了心理與身體，讓我們開始動起身體、走起路吧。」

所有和保健有關的書籍都會喋喋不休地呼籲這句話，啊，原來就是這麼一回事啊……。

既然都說到這了，與其思考不如先行動。比起用腦，身體已經搶先一步動起來了，就像師父指導的那樣，這對我來說是好的傾向，沒什麼不好的。附近就有一家能輕鬆前往的健身工作室，於是我靈機一動參加了開給初學者的有氧健身操課程。播放的不是令和時代那種俐落的 K-POP 舞蹈，而是更昭和風的、像珍．芳達（Jane Fonda）那樣風格的音樂。健身工作室裡播放著巴格斯樂團（The Buggles）的〈影像殺掉了廣播明星〉（Video Killed the Radio Star）這類八〇年代的歌曲……，因為我早已體會到自己的音感變得極其糟糕。

這四十分鐘要一邊往前後、左右或斜向踏步，一邊配合音樂「咻咻哈哈」地呼吸。身體比我想像得還要遲緩，我頭昏眼花，也完全跟不上音樂。不過，活動時反而不會去在意搖晃感，身體變得暖呼呼的，無論喝多少水也追不上無限冒出的汗水。真舒服~跳舞果然很快樂啊！

平日正午時分，來上課的學員是五人左右，全都看起來像是使用了銀髮族優惠的人生前輩。大家都照著自己的步調跳，完全不在意他人，與我的差勁音感可說是半斤八兩（不好意思）。那種沒有顧慮的感覺也很棒。如果是感覺有一點疲憊的日子，我就不會勉強去上課，一週去一次，可以的話就一週兩次。這成為了很好的轉換心情方式，轉眼間一個月就過去了。

我也更常收看線上轉播的合氣道練習（從六點半開始進行早上的練習）。我一邊在腦中播放師父那句「心要變得透明」的堅定話語，一邊試著稍微活動手腳。啊——總覺得這樣真好啊，感覺像是心舒展開來。

這麼說來，雖然也許是我的錯覺，但感覺輕飄飄的漂浮感以前如果是在十分的程度，現在似乎降到了八或七分。

六月定期到眩暈醫院看病時，我向醫生報告了這件事，他雙眼圓睜、誇獎我非常棒，並且讓我停止了藥物治療。我好開心，並拿那一個月裡我想到的事情來問問看醫生。蹦跳的運動透過旋轉眼球，使得內耳的重力感知器運作並讓大腦進行感知，就像是一種類似有氧健身操的訓練。如此一來，大腦與內耳的血液循環會變好，就結果而言，也能鍛鍊到腿和腰，即使頭部感到暈眩，我認為也能依靠下半身的肌肉支撐住身體。換句話說，即便因為耳石器官出問題而導致頭暈，但腦力和肌力應該都能進行輔助。

醫生睜大了雙眼說道：「這是很優秀的想法，但我需要補充說明。」

嗯？是什麼呢？我的心臟怦怦地跳。

「大腦記住動作，身體的肌力提升，全身的血液循環也變佳。只要持續在這個狀態下，通常衰退的耳石器官本身的功能也會變好！」

竟然！簡直是一石三鳥啊。

然而這個情況無論怎麼想，都是因為那些原因。一切都受到兩個事實所阻礙。這些事情簡單到我感覺寫出來會難過，那就是「年紀增長（帶來的老化現象）」及「運動不足」。

我戰戰兢兢地問醫生這些事，他第一次露出了苦笑：「那些因素……也許存在也說不定。」真的是始終都很溫柔的醫生。太難過了，身體老化也會讓耳石器官衰退，因此，老年人的眩暈中伴有因年齡增長所引起的平衡障礙似乎也不少見。

唉，我對自己身體的變化漠不關心，再加上運動不足等等問題，現在才意識到太遲了吧……。讀者們應該也覺得傻眼吧，真丟臉。

但是啊、但是，試著回想起來，早在我感覺到搖晃之前，我的心理狀況就先崩潰了。由於感到震驚和困惑，我選擇睡覺讓身體休息，接著就開始感到頭暈，當時我的注意力全放在這個緊急的問題上，卻完全忽略了平時的變化，也就是像「老化」或「運動不足」這類過於理所當然的事情，全都被我拋到了腦後。

懶懶散散地做有氧運動

村井理子有一本書叫做《以為的更年期症狀竟是重病》。正如書名所述，原以為身體不適是更年期症狀，實際上卻是嚴重的心臟疾病，這本書是與病魔搏鬥的故事，雖然我並未經歷過心臟病，但裡頭的描述卻深深觸動我的心，彷彿是發生在我身上的事情。

其中有一段故事讓我很震驚，作者結束了切開胸骨的大手術，竟然隔天就迅速前往復健，甚至實際能夠走路。

「要盡量保持清醒。」

村井小姐說道，即使是在心臟手術後，長時間躺著也不好，所以她盡量保持坐著。骨頭可能也受到影響了吧（感覺非常疼痛），那是一件多麼痛苦的事啊。我對村井小姐描寫的身心苦痛感同身受，不可能做到吧，我完全同意這點。

她經過三年半才完全康復，開始撰寫過去與疾病搏鬥的故事，這件事大大的激勵了我。我不是才經過兩年而已嗎？感覺要開始焦慮的時候，我就會在心中默念：「再冷的石頭坐三年也會變暖」。

即便感覺筋疲力盡而不由得癱在沙發上，我也會告訴自己至少要坐起身、只要坐著就好，我會像這樣想起這本書來鼓勵自己。除了睡覺以外，只要盡量保持背部挺直就好……難度非常低。

對了，書裡頭也有寫到，心臟問題造成村井小姐全身出現嚴重的「浮腫」。

其實我在做了有氧運動後，經常穿的運動鞋變得寬鬆，也許是因為血液循環將多餘的水分排出了吧。

話說回來，水分對將氧氣運送到全身的血液來說很重要。我突然想到這件事，於是放鬆下來喝了口水。我覺得要是能養成習慣，不特別意識也能做到的話就太好了（這是我的課題）。人生中經常發生胸口緊繃、不自覺地屏住呼吸的時刻，但要盡量意識到保持深呼吸，這一點很重要。

在村井小姐的書中，這種話題以帶著幽默卻真切的方式被寫出來。

做針灸治療的醫生曾經說過，雖然這是一個極端的說法，但如果心臟能夠健康運作，將血液循環到全身，大部分身體的不適就能得到改善。我開始運動以後，在精神科受到了稱讚：「有氧運動很好。」

雖然這再理所當然不過了，但氧氣對腦袋來說十分重要。如果氧氣到不了，腦細胞甚至會死亡。我再次想到，血液循環是為了輸送氧氣到達全身每一個角落。果然這些都跟血液循環有關，我再次理解了。到了現在我明白了，不論是哪一科的醫生，都在傳達同一件事。

「心與身體的平衡」很常被提及，確實單靠其中一者是無法順利運作的。只要活動其中一方，另一方也許就會跟著被帶動。

也許有點跳題，自從我陷入心理問題、開始觀察自己後，當我莫名感到生氣，或是想到討厭的事情時，我可能正在肚子餓、忍耐寒冷、想睡覺或哪裡痛……我發現其實身體上的「不快」會先發生，以及自己很常沒注意到那些來自身體的聲音。

人生中也可能發生心受到嚴重創傷的時候，像是受到了幾乎讓身體動不了的傷害。但是，只要身體還能活動，我們就能處理心裡的傷口，甚至能夠治癒它。

傷口如果很深，就要花上長時間來恢復，或者也許會像舊傷一般仍殘留著痛楚。用這一副身軀長時間生活，是不可能毫髮無傷的。即使留下像是手指頭的割傷或兒時的燒傷疤痕，也不代表就因此無法過好生活。

受傷時必須要進行適當的治療，也要給身體恢復的時間。我覺得每個時刻需要的處置都有所不同。因為復健期間的期待會變高，所以焦慮也會更嚴重。

雖然只有一個人會感到不安，但如果這種時候有人一起並肩同行，就會不由得感到安心。我也感覺「想要醫治」的醫生成為了「想要痊癒」的我的強力隊友。

能夠給予鼓勵、守護與建議的夥伴多一人也不嫌少，越多越好。我認為夥伴持不同意見反而讓我在受挫的時候能更容易轉換方向。

說是寄託可能有點誇張，但每當遇到煩惱時，向不同的人尋求諮詢也許不錯，那或許就是夥伴。

過了五十歲的我的人生，沒有平順且穩定地前進，而且最重要的是，我確實正在「老去」，心理和身體都已經無法勉強了。我深刻感受到，歲數增長真是件滿辛苦的事啊。這麼說來，我感覺像這樣非負面意涵的「放下」至今都不存在我的內心。那種瞬間放鬆下來的「放下」，意外地讓生活變得輕鬆了許多。我已經停止過度努力，而是適度地活動與休息。哄騙自己只會帶來恐懼，不如刻意什麼事都不做，輕鬆面對。

開始跳數著一、二、一、二節拍的復健舞蹈已經過去了四個月左右。話說，我感覺「輕飄飄的眩暈」已經變成七分，不，應該是變成了六分左右的程度。雖然也有可能是我的錯覺也說不定，但只要感覺沒有不好，維持現在這樣不是也很好嗎？

和戒酒不同的「離開酒精」

那是我正在如火如荼地進行復健時，發生在二〇二二年深秋十月的事情。也許這可以稱之為「放下」，有些東西在我的心中悄然消失了。

我戒掉了這三十年來即便丟失了大半記憶仍持續細細品嚐的酒，至今已經過了兩年。在我心中對於酒的負面情感過於強烈，就連丈夫在旁邊飲酒的樣子我都刻意不去看，拉下心中的鐵門。

不過，我多次在與夥伴們能安心聚會的場合中，突然聊到自己曾經覺得「不喝酒就受不了」的那種心情，以及導致這種感受的過去經歷，話題也因此深入了下去。

無論是私生活還是工作，都充滿了壓力重重的人際關係，還有讓我佩服自己沒有倒下、不可思議的過度勞動（我覺得無法進行工作的我自己也有問題）。

以我的情況來說，如果試圖直接探究讓我想喝酒的原因，只會讓我對自己一無是處的自責情緒（尤其是對他人的責怪情緒）變得過於強烈，進而無法承受那種感覺。但是很常發生這種情況，當別人「類似的故事」以出乎意料的脈絡重現時，因為可以像旁觀者的角度接觸到這些內容，反而能讓我重新審視自己。不是像用手戳傷口這種直接的刺激性做法，而是像使用觀光景點中帶有微妙精準度的望遠鏡來觀看一般，從稍微不同的角度來隱約眺望已經看習慣的「自己」

「不喝酒就受不了」的現實確實存在。每當感覺自己（或者某個人），即便是不靠喝酒度日就會覺得難受的狀況下也能被原諒時，我心中角落的大石雖然沒有消失，但卻變成了一種「它只是存在於那裡」的狀態。我覺得自己能更客觀地看待它了。

話說，我喜歡去喝酒的其中一個理由是：「有些事情不喝酒就不能聊」。然而，在聚會場地中即便不喝酒，也能聊各種話題，這讓我開心又驚訝。雖然無法改變飲酒的過去，但每當與友人相聚時，我就更有自信，覺得自己能像這樣不喝酒地過生活。此外，我也瞭解到，即便不透過酒，自己的情緒也能充分感到激昂。不論喝不喝酒，快樂的時間依然很快樂。

十月的那天是丈夫的生日，自從我把身體搞壞後，這是我們第一次兩個人晚上在外面吃飯。在從我還在大口大口喝酒時就常去的餐酒館內，丈夫像平常一樣開心地喝著紅酒。

為什麼呢？我毫無來由地覺得看起來很好喝，開始羨慕起他，於是我下定決心也點了紅酒。一口喝掉被倒入漂亮玻璃杯裡的少許優質紅酒，好喝到讓我驚嘆。啊，美味的酒真的好好喝啊。

接著讓我感到震驚的是，在我心中賴著不走、如同重物般對酒的憎恨或抗拒幾乎都消失了。啊，原來我沒有被酒給困住啊，已經不用再敵視它了，這讓我感動到眼淚快要奪眶而出。

然後我開始覺得腦袋昏昏的，時隔三十年我才想起了，酒意上頭的那種「醉」的感覺。

有「離開父母」、「離開讓孩子獨立」這種說法，我雖然停止了飲酒的行為，但或許真正意義上並未「離開酒精」。對我而言，酒既是我煩惱時值得依靠的大哥，是親密地陪伴我的大姊，是不管任何時候都會趕來找我的朋友，也像是不知為何會待在身邊、有著孽緣的壞朋友。我感覺無論如何它都是自己的一部分。

雖然這樣講有點奇怪，但我離開那樣的酒精獨自生活後，我終於接受了與酒成為不同的存在，各自過上獨立的人生。比起在頭腦中理解，更像是作為一種體驗。就像離開父母或孩子一樣，離開酒精或許也需要保持距離與時間。在這之中從各個角度重新看待，我真的能夠徹底脫離嗎？從今以後，我與酒也許會以新的關係重新來往也說不定。

這兩年間，不透過喝酒就變熟的朋友增加了，與長年以來一起喝酒的朋友也能靠喝茶開心的度過相處時光。即使沒有酒，我和我最好的酒友——丈夫，也能夠相處得滿愉快（真的連我自己都很震驚）。這個事實比什麼都讓我感到安心，也激勵了我。

即使無法改變彼此的存在，我們仍然可以改變相處的方式。再者，雖然難以改變自己的做法，但無論到了幾歲，開始新的做法往往比我們想像的還要容易，只要開始行動就好。今天的此時此刻，對未來的自己來說，也是全新的第一步。

會這樣想的我，真是變得圓滑許多呢。

對了對了！兩年前我明明在私人訓練中努力瘦身了，但不知不覺間身體和臉都變這麼圓潤了……咦？我算是健康嗎？我不懂。能夠暫時擱置這種不明白的感受的自己，姑且看來也不算太差吧？

第八章

我也不清楚自己的事

雖然聽人說，年紀大了以後害怕的事物就會消失了，但對我來說，也許是因為五十歲的急轉彎而跌倒，讓那些失去控制的焦慮不斷膨脹，幾乎要把我壓垮，使我感到害怕的事物因此變多了。

二〇二三年的三月末，那是在我去水戶出差前一天的事。從神戶機場前往水戶的飛行時間約五十分鐘，就像是到附近走走一樣輕鬆的程度。然而，我卻無法停止想像自己坐的飛機也許會墜落。被捲入亂流、在急速下降的飛機內迴盪的悲鳴……是因為我看太多韓劇了嗎？

搭飛機前的「遺言」

因此，在我要搭飛機的前一晚，我將彙整了我買的人壽保險、網路銀行的密碼，或是各種社群網站的ＩＤ及密碼，寫到 Word 檔放到筆電的桌面上，但光這樣做是不會有人發現的。

於是，為了讓留下來的家人、也就是我的丈夫能順利啟動電腦，我決定將解除鎖定的密碼寫在便條紙上貼在電腦上。等到出了什麼事情時，那張從筆電上凸出三公分的黃色便條紙，會「偶然」以一種不經意的方式進入他的視線。

當我仔細佈置好後，開始覺得單純的密碼排列顯得有些冷漠。無論如何當他看到這張便條紙時，寫下紙條的本人早已不在了。也許還要考慮到讀的人的感受，如果是我，我會希望聽到更有血有肉的聲音。

所以我試著在便條紙上加上收件人：「給光先生」。

接著我不由得想再加上一、兩句話，在我寫下「一直以來謝謝你」之類的話以後，我突然發現，這不正是遺書嗎？

我曾在新聞中看過這種報導：「根據家人的說法，在電腦裡頭發現了類似遺書的東西……」，這正是現在的情況。這樣可不行……，我慌張地將變成了像遺書一樣的小便條紙撕破，重新寫一張更大的便條紙。

「我是為了以防出了什麼事情而寫下這封遺書。」

「如果發生了什麼事，都並非出於我的意志。」

可能是因為工作性質的關係，越是認真琢磨字句，就越是無法收尾，最終我只寫了「如果發生什麼事，請看這個。某日某時我會回來」這樣的內容，與其說是遺書，不如說更像是遺言。

結果什麼事也沒發生，我反而很享受搭飛機，結束出差後就把便利貼撕了丟掉。到底是什麼讓我如此害怕呢？是不是因為我已經老到足以更真實地想像「死亡」了呢？是的，這終究只是想像。但在這種想像中，卻存在著我的年齡，或者說是衰老的痕跡，這是一個確切的現實，也有其根據（雖然有些過度誇大）。

毫無根據的焦慮總是不請自來，而我一直與之搏鬥。回頭看時，我竟發現自己已經能與「自我」拉開一定的距離。當我猛然意識到這一點時，我的心頭感覺一陣酸澀，差點要哭了出來。

不清楚他人的事

漫畫《成為精神科護理師的原因》中有一位一整年都帶著帽子的女性，她說因為只要脫掉帽子，腦漿便會流出來。最初讀到這段故事時，因為她的病名是思覺失調症，我便認為這是她的妄想而輕輕看過。

然而，經歷了二〇二〇年十二月那次讓我感到「自己被擊垮」的體驗後，我對她的言行不再抱有疑問，我反而非常能夠理解且心痛地想著：「是不是真的會溢出腦漿呢？她該有多麼焦慮？」

但與此同時，我也非常矛盾地心想這不可能吧。畢竟現實來說，大腦被頭蓋骨包覆著，又被皮膚包裹著，所以腦漿不會跑出來。

但是，她相信「腦漿會跑出來」，對她來說那就是現實。我想將她認為的現實視為優先。在事實是否成立之前，那個人如何感受，才是那個人世界中的「最優先」事項。

「好好重視那個人的想法吧！」雖然常常聽到這種話，但如果「假裝理解」，終究還是會被發現的吧。

即便感覺「不會發生」的機率是百分之九十九點九，但只要還有百分之零點一的可能性，告訴自己要想著：「說不定真的是如此，畢竟自己並不一定能了解所有事情」，如此一來，我就能說出：「原來是這樣啊。」這句看似與事實矛盾的話了。

雖然想要理解，卻不理解。因為不理解，所以想要理解。但仍然不理解，而想要去瞭解。

這樣掙扎時所產生的空白，帶來了一種「那個人就像那樣存在著」、像是對每個人各自存在的深厚肯定。

與數十位夥伴一起嘗試開放式對話的「對話手法」，雖然並不知道正確的做法，但我們努力摸索著不讓任何人在那個場域中受傷的方式，隨著時間的流逝，回過神來我們已經對話了一年、兩年。對話進行得越多，越了解到我並「不清楚」每個人在想些什麼、為什麼這樣想、在什麼樣的環境中成長並生活到現在。驚喜接連不斷，彷彿是我從未想像過的未知世界的體驗。

即便生活在同個時代、同個國家，我們卻活在完全不同的世界。每當我真心想著「大家都不一樣，這樣也很好，原來是這麼一回事啊」時，我發現「自己」老是會被困住的情況似乎逐漸減少了。為什麼？就像我不了解他人一樣，我也不了解自己的存在。但是，這樣隨意一點也沒什麼不好。

第三次上婦產科的真正原因

我三月末時會前往水戶，是因為受到在水戶藝術館舉辦的《白鳥先生與藝術》的「讀後座談會」活動的邀請。我在現場見到代表了水戶藝術館的森山純，作者川內有緒、身為作品主角的全盲藝術鑑賞家白鳥健二，以及電影〈與眼睛看不見的白鳥先生一起看見藝術〉的共同導演三好大輔一行人。他們每一個人都是我這一年間加深了緣分、非常喜愛的人。

二〇二一年的的年尾，我還處於不穩定的狀況中，久違地寫下了一篇完整文章，而促成這契機的《哈芬登郵報》日本版編輯毛谷村真木也在場。她是我之前雜誌編輯部的前同事，二十歲後半到三十歲前半之間，我最常和她一起工作，下班後常一起喝酒、如同親密家人般。

雖然待在水戶的期間充滿著快樂的行程，但我的身體卻非常不舒服。尤其是晚上被邀去吃飯時，即便坐著也還是很痛苦，痛苦到讓我想躺在架高的榻榻米上面的程度，就像被頭頂上的一團空氣壓迫著的疲憊感。感覺身體內部積聚了一股熱氣讓我微妙地出汗，無法弄清楚到底是什麼讓我感到難受，這股無處安放身心的痛苦讓我只想早一秒也好、儘快回到飯店，鑽進被窩裡。明明終於見到了那些非常想見的人，我卻浪費了這個大好機會。

真是一副讓人焦急的身體，心情感覺像是被身體牽著鼻子走。唉……，真的拜託了，好煩啊。

而且這滿身汗又是怎麼回事？該、該不會是……

出差回來隔天，為了觀察卵巢囊腫和更年期前期的狀況，我匆匆前往固定就診的婦產科診所。話說回來，我從一月開始月經變得很亂，應該說變得「風平浪靜」，而接受內診後的結果顯示，確認我已經停經了。以我的情況來說，由於有服用賀爾蒙藥物，卵巢的巧克力囊腫有癌化的風險。然而，隨著停經的來臨，這種風險也降低了，因此可以開始進行更年期症狀的賀爾蒙補充療法（HRT）。

為了確認賀爾蒙數值而做的抽血檢查結果出爐的隔週，我終於、終於被認定患有更年期症狀。

「真的嗎！」我不假思索地笑了，當我被判定「這也是更年期賀爾蒙平衡引起的不適」時，我感到一種莫名的喜悅，甚至眼眶有些濕潤。長年與我來往的醫生看到我這樣複雜的笑容，露出一抹苦笑說道：「要試著吃藥嗎？」

「好的！」

雖然聽說有人適合、也有人不適合賀爾蒙補充療法，但我的情況則是顯著地有效。感覺悶著一股熱氣的頭部、因氣壓變化而引起不適的氣象病、因自律神經紊亂導致膚況不佳、手腳極度冰冷、心情低落、倦怠感……這些無數的小毛病在我開始服藥以後，馬上像是迅速快轉漲潮變成退潮的影片那樣瞬間消失了。

這種程度的疲憊，果然是年紀大了吧，年齡增加所帶來的老化。畢竟已經過了五十歲，我能夠接受現實了。

HRT療法真厲害！

那是二〇二三年四月一日的事情。

開始踢拳

雖然明顯起了好的變化，但同時我也感到害怕。

賀爾蒙補充療法的目的說到底，是為了舒緩更年期的賀爾蒙平衡產生變化所帶來的不適，並不是以「治癒」為目標的療法。也就是說，這個療法無法抹去「變化」本身，它只能「緩和及穩定變化所引起的不適」。

補充更多作為生物本來就會減少的賀爾蒙，是違反自然的行為，我也覺得不吃藥的話再好不過了。此外，雖然依據服用的藥品不同或個人體質會有差異，但以我的情況來說，就算要長期服用，似乎最好五年左右就要從賀爾蒙藥劑畢業（停藥）。

不過啊，五十歲我的體力就像這樣突然下降，五年後或十年後（六十歲左右）又會變得如何呢？身體只會一直老化對吧？當無法依賴藥物時，能依賴的只有自己的身體。

就像我在為了找尋頭暈的原因而不斷前往醫院時也深刻體悟到的一樣，我正理所當然地老去。老化多半會蔓延到全身各個角落，年紀增長帶來的現象今後也會漸漸在我身上顯現出來吧。這難道不讓人感到心臟砰砰跳嗎？

在調查周遭前輩們時，來自熟悉美容大姊的話語起了迴響：「肌膚啊，就算用了很貴的化妝品，也不會回到過去的狀態。最巔峰的時候就是維持現狀時。所以，要先想想要維持哪個階段的自己，如果想要維持現在的自己，就得現在開始行動。內臟也是一樣的道理，確實會老化。但是，只有肌肉不一樣。雖然如果放著不管同樣會漸漸退化，但只有肌肉是可以增強的。只要有肌肉，動作就不再像老年人那樣，看起來更年輕，心情也會更好。」

這樣啊，事到如今肌肉仍然有增強的可能。之後為了愉快地生活，我還能做些什麼呢？感覺從身體深處傳來了微微燃燒著的認真心情。

人類總是會產生慾望。

從眩暈醫院的醫生那得來的建議作為開端，為了提升可能會衰退的平衡感覺，二〇二二年的初夏，我開始做像是要跳躍或跳動的舞蹈那種和緩的運動。當初即便只是這種程度就能感受到難度，每次做運動都頭昏眼花，但過了半年左右，身體開始習慣，我還參加了強度稍微高一些的課程，那就是拳擊有氧課程。

隨著音樂的節奏快速有力地活動手腳（雖然實際上並沒有真正移動），我能感覺到那些之前未曾使用過的肌肉像是被喚醒一樣開始反應過來。能夠做到至今為止的人生中沒有做過的「打」或「踢」的動作，也讓我單純覺得有趣。

我想到了這種感覺，於是搜尋了附近看起來能去的健身房，不知為何踢拳出現在最上面（這是演算法做的好事嗎？）因為瞄到很多次，於是我稍微點進去看看，總覺得看起來很好。剛好那天的體驗課還有空位，擇日不如撞日，我試著去參加看看，結果超級開心的，所以那一天傍晚我便在入會申請書上簽名了。

與其說是格鬥技的訓練，不如說比較像是非常刺激快樂的舞蹈一樣，是讓人能連續獲得小小成就感的運動遊戲，開始定期上課後，做得到的事增加了，我漸漸感到快樂。我想前往健身房時的我，應該一直都掛著微笑。同時，我感覺從我人生中被消除得精光的「幹勁」又重新熊熊燃燒起來了。那真是件開心到讓人淚流的事……。

這不是專業選手註冊的那種正規健身房，而是單純的健身俱樂部，所以完全沒有《小拳王》那種強硬的氣氛。裡頭有最近新設的設施，內部設備都還很新，室內裝潢像咖啡店一樣時髦，飄蕩著像是美容沙龍的香氛，也毫無汗臭味。對於那些想要燃燒鬥志的人來說可能會覺得不滿意，但對我這種與氣勢和毅力都無緣的人來說，這裡讓我覺得很舒服。

初學者的我參加的是隨著音樂進行踢擊或揮拳的簡單團體課程。這個訓練不是與人進行對打，而是在教練示範動作後，每個人根據自己的節奏，對著分配到的沙包進行練習。

只要嘗試看看就會了解，不論是踢擊或揮拳，都必須將視線集中在對方（沙包）身上，完全沒有餘裕看向他人。換句話說，別人也沒有在看我。

「必須要做好」、「做錯的話很丟臉」對於時常容易在乎他人目光的我來說，可以完全不用在意自己「是否做得到」，這讓我輕鬆得不得了。

一開始的時候隔天會感覺肌肉酸痛，或是腳掌長水泡，所以沒有去得非常勤，大概到了第三週，身體開始習慣後，運動起來變得越來越舒服，讓我徹底沈迷了，甚至開始以一週去五次的頻率來揮汗鍛鍊（健身房離我家非常近）。

因為是結合了有氧運動和無氧運動的課程，所以會心跳加速，且總會有感到氣喘吁吁的時刻，我想這對肺及心臟也造成了不小的負擔。自從出狀況以後，我老是感覺喉嚨卡卡的，但也許是因為肺活量提升了吧，等我意識到時，我發現我的聲音比以前更出得來。

這算是讓我開心的額外驚喜，但對我來說，還有其他重要的收穫，那就是隨便一點和放鬆偷懶。即使是在訓練當中，當快要喘不過氣、感覺「啊，受不了了」的前一刻，那瞬間我會立刻放鬆，按照自己的節奏調整呼吸，明明過去的我不論做什麼都不擅長放鬆。

當感覺到輕微的肌肉疼痛或關節怪怪的，我會毫無猶豫地停止訓練，並且像拼布一樣貼滿酸痛貼布。對我來說，貼布就像是我將照顧及珍視自己身體的行為視覺化後的成果。不是其他任何人，而是由我自身來照顧自己的身體。

只要還有我持續照顧著身體，我的身體就不會一直處於受傷的狀態。雖說這只是我自己的方式，但我能夠不再忽視身體的聲音，或許是從身體出狀況以來，持續進行各種復健活動的成果。

與朋友提到這件事時，他們都會因為聽到格鬥技而嚇到。確實，雖然是健身，但我竟然會迷上了格鬥技，連我自己到現在都不可置信。不過，畢竟這家健身房沒有比賽，也沒有競爭輸贏的訓練，所以實際並沒有在進行格鬥。

再者，我也確實覺得滿有活力的，五十歲才開始練踢拳，也是滿厲害的嘛。

不，應該要說我「開始變得有精神」，更進一步說，「我變得有精神了」我正處於變得有精神的途中。我能像這樣開始回顧，或許是因為曾經處於狀態不佳低谷的自己，正一點一點地成為「過去」。

我的身體很聰明

我會開始練習踢拳的契機除了那堂拳擊有氧體驗課，讓我決定加入專業健身房的一大原因是我在社交網站上看到了生井宏樹的貼文。

生井先生負責監修《針對從六十、七十歲開始的不適和疼痛有效的踢拳與健身》這本書，他是柔道整復師，同時也是前踢拳選手，據說他在整骨院旁邊經營一家健身房。從八十、九十歲的女性們在那家健身房中、輕鬆地進行踢擊揮拳的影片中，不知不覺中我彷彿像是收到了來自前輩的聲援，受到了強烈的激勵。

最近上傳了一位從肋骨骨折中康復的九十二歲老人進行沙包打擊練習的影片，經過一段空白的時間再次回來練習，無法活動是理所當然的，但她卻能夠正常運動，貼文中還附上了一段話：

「我稱這種情況為運動的存款。果然還是要趁有精神的時候，盡量活動才好呢！這也是為了發生什麼事的時候做準備。」

這樣啊，運動的存款啊？這讓我想到一件事。我前面寫了很多次，那就是我在過了四十歲以後，練了五、六年的合氣道。雖然開始照料及看護父母後，我就停止了練習，但這麼說來，過去的我當時還是有在適當地運動的。

在我臥床後，還是能想著一定要動的原因，是因為我想起了內田樹老師的話：「身體比較聰明」。雖然很緩慢，但能夠一點一滴地累積復健，最終開始練習踢拳，這或許就是運動的存款帶來的結果。也許是因為即便頭腦忘記了，但身體依然記得。

存款，很有效！

雖然我的人生不能「重來」，但生活也許能「重新恢復」。實際上，自從開始復健後，當作「運動」來進行的「行為」，直接構成了我現在的生活。」

自從狀態變得不佳後，我的生活和身體都持續產生變化。儘管有激烈的波動，但確實是朝著不錯的方向發展。這就是人們常說的「恢復」嗎？對我來說，我總覺得自己和那種字眼不太一樣。

開始進行踢拳以後，發生了讓我感到驚訝的事。雖然我以前從沒想過要贏過什麼，也對輸贏完全沒興趣，但「不想輸給自己」的想法卻不知從何湧現上來。

「不想放棄」，我也許是抱持著這種心情。格鬥技會將我內心中、那些我自己也還不知道的東西引出來嗎？雖然我也不太清楚。

在準備開始訓練並將雙手戴上手套時，一股振奮的情緒油然而生。今天的我不想輸給上一次的自己。胸口深處彷彿燃燒著一把火焰。確認了這點後，我便進行訓練來挑戰，但每一次都輸了。輕輕鬆鬆地輸給了想像中的自己。被狠狠地打得一敗塗地，但這樣也是另一種享受啊。

總有一天，我想贏過自己。我變得更容易放下自己。現在的我不再討厭那個按自己步調生活的自己。

那麼，我持續進行復健的目標是朝向哪裡呢？接下來是從更年期開始邁向老年期的年代，我不會想成為年輕時候的樣子，也不覺得能夠回得去。

浮動性眩暈帶來的搖晃感仍存在。這個眩暈讓我別無他法、放棄了各種事情。在那段過程中，我放下了很多事物。雖然放下讓我感到痛苦及無窮的焦慮，但試著放下也會感覺到輕鬆。

原來，是我的身體讓我放下了頭腦。我的身體很聰明，果然和師父說的一樣。未來的事情，應該又會由我的身體來教導我吧，因為我的身體很聰明，而且不會說謊。

謝謝，有著大窗戶的小房間

重新找回對人生的動力，內心當然很澎湃，但同時我也有靜下心來，默默專心投入的時候。我決定將曾經包容我人生中最艱難時期、「我的容身之處」的房間的鑰匙還回去。

我決定不以迅速高效的方式收拾，而是像當初將那間作為工作場所的房間整理得舒適宜人時一樣，花時間慢慢整理。承蒙了一直關心著我的朋友兼房東的厚意，我花了兩個月的時間，分別在五月和六月將書一本一本搬走，並將沙發床等等可以轉讓的物品交給認識的人或朋友，邊整理房間邊回顧在那裡度過的時光。

這個房間讓我能從想逃避的現實中逃來這裡避難，並且成為我在想見某些人時，能隨時見到他們的心靈避風港。

我在那個房間裡，繼續與我信任的夥伴們對話。透過作為與他人聯繫窗口的 iMac 24 吋螢幕，我與他人進行親密交流的時間，像是在一一檢查自己年輕時留下的傷痕、剛剛感受到不公對待的傷，以及各種各樣的傷痕，這段時間就像是在進行溫泉療養一樣。

我有傷口，我正在受傷，不僅如此，我也在傷害他人。面對這件事情比起認知到自己「被傷害」還要艱難許多。

就像我前面寫道，遇見了坂上香導演的紀錄片電影〈監獄圈〉後，我受到了衝擊，而讀了二〇二二年三月出版、由同一個導演所撰寫的書以後，我更加動搖了。

內容講述了她自己所受到的暴力受害經歷，以及加害經歷（裡頭也寫到她已經說過很多次了）。一看到那段文章，身體的深處就感到非常疼痛。我回想起來的經歷，是自己站在所謂的「加害者」一方的經驗。因此當我看那部電影時，感受就變得像是心臟被射穿一般。雖然並非是身體上的暴力，但我某個時期待的職場中的支配結構非常扭曲，我自己也曾在被害的漩渦中。我覺得自己的軟弱傷害了他人。

受到的傷與自己所造成的傷是不同的。那種恐怖的感覺沉重到讓我想當作它沒發生，當我認知到對於自己來說，受害與加害交織在一起，並且能夠分開來看待的時候，後悔的情感比以前更為清晰。我無法當作它不存在，也不會這樣做。這或許是我能做的少數幾件事之一。

能夠以這樣的客觀角度「看待自己」，我覺得是因為聽到了許多人真摯的講述。雖然到目前為止自己還是很軟弱，但我決定要繼續觀看著這樣的自己。

那間小小的房間，在各種意義上拯救了我。這個地方給了我一種不需要思考自己是誰或存在理由的奇妙安心感，這是我從未有過的感覺。

有著如同向外開啟的小窗的電腦螢幕及大窗戶的房間，讓我感覺像是每天有許多人來來往往的港口。我像守衛或哨兵一樣，隱約凝視著穿越港口的各種思緒和言語。聚集、經過的人們似乎也在不經意間放鬆了肩膀，彷彿忘記了日常中背負的「角色」。這是一個可以暫時擱置社會性「面孔」的非日常避難場所，像是庇護所的地方。

這個地方在我的心上建造出許多小窗戶，這些窗戶讓我不論何時何地都能自由地飛向某處。因此，我已經沒事了。我也能夠面對該做的事。雖然我不知道原因，但我是這麼認為的。

未來每當我開啟心中的窗戶時，我都會想起這間房間吧。真的非常感謝。

我開始寫作

「因為寫作就是在『檢視自身』，所以不穩定的期間就避免動筆吧。」我開始執行當時和心理醫生商量決定暫時「擱置」的「書寫自己」一事。我最一開始寫下的是，二〇二〇年六月體會到了與愛貓嘶嘶道別的經歷，那段文章成了本書的第一章。

必須要給我時間，我才有辦法將嘶嘶的事化為言語。想要將其化作言語時，卻一句話都說不出口。也許我根本就不想這麼做。我不知道。雖然我不知道，但有時候又突然希望有人聽我說。如果對象是不論我說什麼、都會像親人一樣傾聽的朋友們，那我覺得與他們訴說也沒關係。

然而那一天，在知道嘶嘶的長相和名字的他們面前，我卻說不出話來。明明只是想要懷念嘶嘶，卻感覺說什麼都不對，我躊躇沈默了。

明明希望別人理解我，我卻無法好好述說。我不知道是什麼事物阻止了我發聲。卡在喉嚨深處的東西讓我快要窒息，感覺心要碎掉般難以呼吸。就連擠出的隻字片語，也因為覺得可能說錯話而收了回去。看著我重複這種事、等待我說出話的朋友們的表情幫助了我，讓我終於能一點一點開始說出沒有條理的話。

回憶與嘶嘶告別的時光仍讓我感到痛苦。雖然我悄悄地在那種寂寞的心情上蓋了一層布，避免看見它，但在這麼做的過程中，我彷佛連嘶嘶的臉和牠溫柔的聲音都快要忘記了。

忘記嘶嘶還在世上時的幸福，比任何事都還讓我感到害怕，那是我難以承受的哀傷之事。我的內心同時有著與重要的某人有關的痛苦過往，以及幸福存在過的回憶。我難以隨心所欲地將記憶抽取出來。明明會感到困難是理所當然的，我卻無法理解，因此更不知該如何是好。

最近的我是這麼想的，或許將回想起來會感到痛苦的事物藏在心底，用一塊布蓋住不讓它們浮現出來也沒什麼不好吧。也許只需要讓那些害怕忘記、對自己來說特別珍貴的情感與記憶浮現，並將它們化作文字就好。

因此，我決定偶爾懷念斷斷存在世上時帶來的幸福。現在感受到的寂寞並非是消失或死去的貓咪，而是對我而言那個特別的存在確實活過所帶來的幸福。

我再次覺得，我能這麼想是因為有那些像是閒聊一樣說話的機會。即使無法化為語言，也不代表那些在成為話語之前就已經形成的情感並不存在。觸及到那份情感的，不是從我口中說出的話，而是來自他人口中一點一點的話語。我對人們互相交談這件事並未放棄希望。

「自己不了解」的事情，也許就是「光靠自己」無法形成話語的事情，所以我翻開書本，傾聽從那裡傳來的言語，找尋自己的話語。從今以後，我將繼續聆聽別人的故事，聽他的聲音，並繼續像這樣說著一些漫無目的的話。

之前只有養嘶嘶一隻貓，所以沒有親眼見過，但自從和一對貓姊妹一起生活後，貓咪之間會打架這件事讓我感到驚訝。

可能是因為從一出生就待在一起，又或是因為彼此合得來，牠們有時會激烈地打鬥給我看，害我擔心，但下個瞬間馬上又會和好，互相舔舐彼此的臉和身體。從喉嚨發出來的咕嚕咕嚕聲就是和平的象徵。

真是幸福的聲音啊。我透過貓姊妹的叫聲來回想光靠我自己無法找尋到的嘶嘶的聲音，我只回想那些幸福的事。

放下

我定期會重看鳥羽和久的《父母親有時也是孩子》，在每次重新閱讀時，某些部分都會特別以不同的感覺傳達給我。裡頭有一段提到，一名曾經說「要做畫畫相關工作」的國中三年級女孩，在短短三個月內，就宣布自己要和父母一樣成為護理師，並且進到私立高中的護理學程就讀。

「中了父母的詛咒，並且決定自己未來的孩子非常多。然而，面對像被父母操控的孩子，旁人卻無法插嘴『不要聽父母的話，要堅持自己想做的事』，這樣多半不能順利勸阻。這畢竟不是一個單純的問題，並非只是因為顧慮父母而無法說出來，而是與孩子這個主體的根本問題有關。

那是因為，小孩為了要獲得主體性，多多少少需要父母的詛咒。雖然父母的價值觀和美感這類事物的影響對小孩來說會成為詛咒，但另一方面，這些也有可能成為一生中的至寶。

沒有不帶詛咒的寶物，因此不應認為第三者可以輕易介入父母與子女之間，並對他們的觀點提出異議。雖說詛咒的意義確實等於控制小孩，但儘管如此也不能斷定這一切都是壞的。因此，她選擇與母親同樣的職業是一個詛咒，但同時說不定也是這一生的寶物。如此可見，親子關係並沒有那麼簡單。父母是可能會同時給予孩子祝福及詛咒的存在。」

是「詛咒」還是「寶物」？每次讀這段時，我都會把這段描述與自己相連結起來，有時會覺得它像詛咒一樣讓人痛苦，有時又覺得如果它是寶物的話，會對父母感到抱歉，閱讀時我總是會強烈地感受到其中一種情感。

過了二〇二三年的秋天，大概是剛進入十二月的時候吧。我也意識到自己有時既無法將其理解為詛咒，也無法理解成寶物。

就像鳥羽先生寫的那樣，祝福與詛咒同時存在。此外，如同裡頭所寫到的「可能會給予」，到底是給予還是不給予，這一點也交由接受的我來決定。這件事第一次以聲音的形式傳到了我的心。

既是「詛咒」，也是「寶物」。雖然放了這兩者的天秤搖搖晃晃、不穩定，但天秤之所以能保持平衡，就是因為它會搖晃。沒有任何一方比較重或比較輕。我感覺自己就像是在單純地注視著那個天秤。

聲音像這樣傳來的感覺，對我來說並不壞。當我領悟到那是會搖擺的事物時，肩膀上那沉重的負擔彷彿一下子卸下，感到放鬆。

這是二〇二三年十二月，我定期前往精神科醫院就診時發生的對話。

「妳變得不在意眩暈了呢，接下來只要能再減少安眠藥就差不多了。」

「我要挑戰！如果能成功停藥就算是運氣好，但我不會拚命去做這件事。」

「自從出狀況以後已經過了三年，妳不也改變滿多的嗎？連酒都戒了。」

「像是沒來由的焦慮之類的，已經不會再浮現了。雖然還是會有有理由的焦慮。」

「總是會焦慮嘛。青山小姐，妳真的一路經歷了各種事情呢。」

醫生啪啦啪啦地翻閱著早已變得厚重的病歷，問道：「哪些事讓妳感覺幸好有做呢？」

「嗯——做了太多事，我也搞不太清楚……。但我覺得幸好全都嘗試過。雖然做了很多事情，但反而覺得自己放下了許多東西。」

「放下很好啊，你放下了什麼？」

「例如想要怎麼處理自己的事，還有希望丈夫變成什麼樣子等等。雖然我曾覺得很難受，不論是自己或他人，一切都無法按照自己所想的進行，但是這也是無可奈何的，因為連自己都無法按照自己所想的做，而且有些事情我們本來就無能為力。」

「意思是，妳放下了試圖控制的念頭，對吧？」

「是這樣嗎？我再稍微想想看，但我不會再想太多了。唉，也許又會發生讓人感到辛苦的事。不過啊，我總覺得會船到橋頭自然直。」

「活著就是很辛苦啊，會不會又有什麼難事發生呢？」

「欸，醫生，請不要說一些會讓我感到焦慮的話啦。」

「哈哈哈。」

「呵呵呵。」

到那時候再拜託醫生了。我打算完全依賴其他人或身旁的人。對於這件事，我已經不會感到絲毫的猶豫或不安了。

結語

憂鬱症有時被比喻成「心靈上的感冒」。以我的情況來說，精神科診所一開始的診斷是焦慮症，但也被判定有輕微躁鬱，我自己的感覺是「以為會死掉」，這並不只是感冒的程度。

在「以為會死掉」的狀況下，我曾經有一次明確地「想死」。這種「想死」並不是那種「好想死啊」之類隱約熟悉的感覺（因為從小時候開始，我就經常覺得活著很麻煩）。而是「這麼痛苦的話，我想倒不如死了輕鬆」這種明確的聲音，當聽到了當時的青山友美子人格如此強烈的主張，我感到非常害怕。

啊，這代表我的心理或腦袋那裡已經得了某種病。我明白自己處於一種所謂「心靈崩潰」的狀態，這種狀態超出了廣泛定義中的「相對健康」的範疇。

因為我原本就對心理的細膩、不穩定及深度強烈關注，所以接觸了滿多「心理健康」領域及「精神醫療」的相關書籍、新聞與電影等等，它們作為資訊或知識多少存在於我的心中。

也許是因為這件事，我感覺另一個自己會一邊注視著那個崩潰的自己，一邊發現「啊，這是我曾經看過或聽過的狀況。」

我覺得「自己」意外地不是一直都是「一個人」。不，該怎麼說呢？是不是因為像這樣分裂，讓我心中的「某個人」開始失控了呢？儘管如此，我想正是當時那個帶有一點點客觀視角的「自己」，讓我前往精神科診所，並阻止了我「痛苦到想死而想解脫」的想法。

我理解自己斷了這個念頭，應該是件好事。可是，並不是說在斷了想解脫的念頭後，就能立刻想說「好吧，從今天開始，要重新輕鬆地活下去」那樣簡單。因為我還是經常連結上「過去的自己」。

「不想經歷會讓我想死的那種痛苦。」為了實現這個真心的願望，就像是嚴重燒傷後的恢復期一樣，必須接受相應的治療（小時候，我的上半身曾經遭受大面積的燒傷，所以才這樣比喻）。

治療伴隨著各式各樣的痛苦。不論使用再怎麼有效果的藥，就像潰爛的皮膚一旦剝落以後、要長出新生皮膚時一樣，治療需要時間。新生的皮膚也有可能會讓原本的皮膚變得緊繃，那時候又會產生獨特的痛楚。

與很多經歷了心理疾病的人一樣，我也頻繁出現身體不適，有些症狀明顯，有些則不易察覺，這些疼痛也需要同時接受治療。

我寫完後才發現，我書寫的是從「想死」的狀態，轉變成能夠想說「或許繼續活下去也不錯」這種狀態的身心復健過程。

現在，新生的皮膚與原本的皮膚已經融合到分不清界線了。雖然外觀看起來還是有點不協調，但大概是皮膚感覺起來也不會怪異的程度。現在的我，已經和那時的我自己融合在一起。

雖然並非毫髮無傷，舊傷今後也許仍會感到疼痛，也沒有完全痊癒、神采奕奕，但我以不同於「恢復」的形式，重新開始過我自己的人生。這完全不是壞事，倒不如說，我覺得這樣沒什麼不好。

在復健的過程中，我看見了自己抱有的幾個問題，例如小大人或內在小孩的問題，以及酒精等等成癮症、家暴等等扭曲的支配結構所引發的騷擾、共依存症等等問題。我也確認這一切都與自己息息相關。我從臨床心理師信田佐代子的著作和講座中得到很多啟發（不如說，我也感覺自己像是被拯救了一般）。在東畑開人的臨床心理學講座中，以「平等的視角」來看待心靈的方式，以及東畑先生帶有智慧的好奇心傳達了過來，讓我即使在痛苦中，也能感覺心靈中保有一點趣味。還有各種經歷過心理疾病的當事人所寫的貼近現實的許多著作，這些究竟帶給我多少鼓勵與幫忙呢？

正在閱讀這本書的人裡面，也許有著正感到絕望、想從活著這件事解脫的人存在。

我不能肯定地說一定能了解那個人的心情，而且即便你問我，我能為那個人做些什麼，我也可能會因為太難回答而陷入沈默。

我稍微想像一下，對那個人來說也有無能為力的事情。

一定很辛苦吧？

確實非常辛苦呢。

我只能說出這些話，這讓我感到心痛。

真渴望能有希望，即便只有一點也好。

我也是為了當時的自己而寫下這些。

我覺得書寫給了我很大的幫助，也感謝與我並肩同行的 Mishima 出版社的編輯角智春。

我受到了太多人的幫助，族繁不及備載。我會深深銘記所有曾經關心過我、與我有所接觸的人們，各位都是我的恩人，非常謝謝你們。

二〇二四年二月
青山友美子

高寶書版集團
gobooks.com.tw

NW 309
沒有完全好起來也沒關係：失去貓、沒有健康、焦慮症找上我，如何活出還不錯的人生？
元気じゃないけど、悪くない

作　　者　青山友美子（青山ゆみこ）
譯　　者　朱韋芸
責任編輯　吳珮旻
封面設計　林政嘉
內頁排版　賴姵均
企　　劃　陳玟璇
版　　權　劉昱昕

發 行 人　朱凱蕾
出　　版　英屬維京群島商高寶國際有限公司台灣分公司
　　　　　Global Group Holdings, Ltd.
地　　址　台北市內湖區洲子街 88 號 3 樓
網　　址　gobooks.com.tw
電　　話　（02）27992788
電　　郵　readers@gobooks.com.tw（讀者服務部）
傳　　真　出版部（02）27990909　行銷部（02）27993088
郵政劃撥　19394552
戶　　名　英屬維京群島商高寶國際有限公司台灣分公司
發　　行　英屬維京群島商高寶國際有限公司台灣分公司
法律顧問　永然聯合法律事務所
初版日期　2025 年 09 月

國家圖書館出版品預行編目（CIP）資料

沒有完全好起來也沒關係：失去貓、沒有健康、焦慮症找上我,如何活出還不錯的人生？／青山友美子著；朱韋芸譯. -- 初版. -- 臺北市：英屬維京群島商高寶國際有限公司臺灣分公司, 2025.09
面；　公分

譯自：元気じゃないけど、悪くない

ISBN 978-626-402-329-0（平裝）

1.CST: 焦慮　2.CST: 情緒管理　3.CST: 自我肯定

176.527　　114011624

GOBOOKS
& SITAK
GROUP ©